本书的写作与出版受到 2019 年度教育部人文社会科学研究青年基金项目"县级政府'精准扶贫'政策执行力的评估与提升研究"（19YJC840009）资助。

历史、技术变迁与社会关系

——一个原发型产业集群形成的经济社会学研究

董 庚 著

吉林大学出版社

· 长春 ·

图书在版编目（CIP）数据

历史、技术变迁与社会关系：一个原发型产业集群
形成的经济社会学研究 / 董庚著．—长春：吉林大学
出版社，2020.3
　ISBN 978-7-5692-6161-5

　Ⅰ．①历…　Ⅱ．①董…　Ⅲ．①产业集群—研究—中国
Ⅳ．① F269.23

中国版本图书馆 CIP 数据核字（2020）第 036263 号

书　　名	历史、技术变迁与社会关系	
	——一个原发型产业集群形成的经济社会学研究	
	LISHI、JISHU BIANQIAN YU SHEHUI GUANXI	
	——YI GE YUANFAXING CHANYE JIQUN XINGCHENG DE	
	JINGJI SHEHUIXUE YANJIU	
作　者	董庚著	
策划编辑	李承章	
责任编辑	安　斌	
责任校对	崔吉华	
装帧设计	中正书业	
出版发行	吉林大学出版社	
社　　址	长春市人民大街 4059 号	
邮政编码	130021	
发行电话	0431-89580028/29/21	
网　　址	http://www.jlup.com.cn	
邮　　箱	jdcbs@jlu.edu.cn	
印　　刷	吉林省优视印务有限公司	
开　　本	787mm×1092mm　1/16	
印　　张	12	
字　　数	190 千字	
版　　次	2020 年 3 月　第 1 版	
印　　次	2020 年 3 月　第 1 次	
书　　号	ISBN 978-7-5692-6161-5	
定　　价	50.00 元	

摘　要

　　近几十年来，世界范围内出现了一些产业集聚现象，这些产业集聚区作为地区经济新的增长点，对于区域经济发展起了非常重要的作用。产业集群不但是一种经济地理现象，更是一种区域经济发展模式，这也成了世界各地政府和经济组织的促进经济发展的工具。在我国，东南沿海一带和其他地区也出现了一些块状经济和产业集聚区，这些产业集群地区基本上都是在中国社会转型时期，在自然资源缺乏、工业基础薄弱、空间区位优势不明显，以及缺少国家政策支持的情况下出现的。那么，这些地区的产业集群是如何形成的？其形成的条件和机制是什么？这就是本书提出的问题。

　　西方学界对产业集群形成机制的研究较早，已经形成了一些经典文献，这些理论基本上可以分为市场机制的分析视角、制度主义分析视角和嵌入性分析视角，分别强调了市场竞争的作用、国家或政府制度建构和产业政策的作用、社会关系网络和社会资本的作用，有力地解释了西方的产业集群的形成，但是在解释中国社会转型期乡村地区原发型产业集群的形成时，解释力度有所不足。本书采取嵌入性视角，通过建构出一个"历史—技术变迁—社会关系网络的动态重叠机制"来尝试解释中国的原发型产业集群现象。产业集群的形成其实是经由产业起步期、产业快速发展期、产业集群形成期三个连续发展的阶段，历史、技术变迁和社会关系网络三个因素都共同作用于每个阶段中，只不过由于发挥关键作用的因素不同而在它们之间具有主次之分，且随着产业发展阶段的推进，三个因素也会相应呈现出动态变化。三个因素紧密勾连在一起，不可分割，共同贯穿作用于产业集群的整个形成过程中。

  本书依据这个解释机制，尝试分析了 M 镇原发型纺织产业集群的形成。将 M 镇纺织产业的发展分为 1970—1995 年的起步阶段、1995—2000 年左右的快速发展阶段和 2000 年之后的产业集群形成阶段。通过对每个发展阶段的具体梳理，寻找每个发展阶段的动力机制。研究发现，M 镇纺织产业集群的形成除了受到市场的作用和国家制度环境的影响外，更深刻地受到了当地的历史、技术变迁和社会关系网络的共同影响。在产业的起步阶段，产业历史起到了更关键的作用，给予人们一种关于纺织业的历史意识和选择偏好，这也是 M 镇之所以发展纺织业而不是发展别的行业的主要原因，通过社会关系网络的作用，人们寻找到生产资料和实现了一定的技术变迁，从而使得纺织业从意识变为现实，这也为 M 镇纺织业的发展奠定了基础；在产业的快速发展阶段，由中国纺织业改革带来的宽幅织布机技术转移到 M 镇对纺织业发展起到了关键的作用，而早期织布业主的历史经验和社会关系网络为宽幅织布机在 M 镇扩散减少了不确定性，从而使得宽幅织布机的技术刚性得以发挥，也使 M 镇织布业获得巨大的规模优势和竞争优势；在产业的集群形成期，社会关系网络为生产资料汇聚到 M 镇形成织布业的配套产业，以及在配套产业与主体的织布业形成产业分工网络时发挥了关键作用，而这些关系网络的存在必然与从业者早期的从业经历和各种联系有关。

  因此，本书认为 M 镇原发型纺织产业集群是在历史、技术变迁和社会关系网络三者的共同作用下形成的。其中，历史是产业起步期的主导因素，技术变迁是产业快速发展期的主导因素，社会关系网络是集群形成期的主导因素，在主导因素起作用的同时，其他两个因素也发挥着不可忽视的作用，三者互相重叠在一起，共同构成 M 镇纺织产业集群的动力来源。

目　　录

第一章 导 论

一、研究缘起和问题提出

（一）研究缘起

1. 世界范围内的产业集群现象

20 世纪 70 年代，由石油价格上涨引发的世界性经济危机使西方资本主义世界经济结束了战后的快速发展，陷入了一个长久的滞胀阶段，表现为经济增长上大规模的衰退、企业大量破产和工人严重失业等现象。然而，在全球经济衰退的这个时期，欧洲和北美少数几个地区却依然保持经济平稳增长，这些少数地区的经济表现出了强大的竞争力和经济增长能力，引起了许多经济学家的关注。他们发现，这些地区的普遍特征是区域内存在大量的中小企业集群，企业之间专业化分工明确，且呈现出稳定的竞争与合作关系，等等。同时，越来越多的研究报告发现产业集群现象不仅存在于发达国家内部，而且在一些发展中国家和地区也都大量存在着。集群现象并不单纯局限于某些特定产业内，而是广泛存在于各种各样的劳动密集型产业、资本密集型产业、新兴的高新技术产业以及文化产业。世界上典型的集群现象，比如意大利东北部地区的中小企业集群、美国硅谷地区的高新技术集群、好莱坞的娱乐产业集群以及印度的软件业集群等。在我国，改革开放后，尤其是在 20 世纪 80 年代中后期，东南沿海一带由非公有制经济发展起来的一些具有产业集群特征的经济区域不断涌现并向周边扩展。经过数十年的发展，我国产业集群数量由少变多，在地域范围上呈现出由沿海到内地的趋势，且在全国范围内均有分布，典型的是浙江的"块状经济"和广东的"专业镇经济"，都属于产业集群现象。

2. 产业集群在区域经济增长中的重要作用

产业集群促进了区域经济的快速发展，由于产业集群的大量存在，在世界版图上形成了色彩斑斓、块状明显的"经济马赛克"，世界财富大多是在这些块状区域内创造的。比如美国加利福尼亚州的产业集群创造的经济总量相当于各国经济总量的排名的 11 位，意大利每年出口的 200 多亿美元主要是由 66 个产业区提供的，印度约有 350 个产业集群创造了印度制造业出口额的 60%（朱英明，2003）。我国的产业集群创造了巨大的工业产值，带动区域经济迅速发展，甚至在全世界范围内都具有极大的竞争力。以产业集群最为出名的浙江、广东、江苏三省为例，浙江产业集群生产的产品占全国市场份额非常大，很多都能超过 50%，每个产业集群的产值规模都能超过 200 亿元；广东 160 多个专业镇所制造的工业总产值占广东省份额的 1/3；江苏的产业集群约有 110 个，2002 年实现销售收入 5329 亿元（国家发改委工作司，2004），相当于全省规模以上工业产品销售收入的近 40%（吴利学、魏后凯、刘长会，2009）。

3. 产业集群成为一种区域经济发展模式

产业集群的研究进展以及在许多地区产生的广泛而深刻的影响，对区域经济增长以及国家竞争力的增强发挥着重要的作用，逐渐成为经济学、地理学、管理学以及社会学等学科的研究热点，并在政府决策部门和产业规划部门引起了极大的重视。美国哈佛大学教授波特甚至将产业集群提升到增强国家竞争力的高度，他认为相关产业在地理上的集聚是产生国家竞争优势的重要原因。联合国工业开发组织（UNIDO）、经济合作与发展组织（OECD）和世界银行等国际组织和机构为促进发展中国家经济发展极力推广产业集群战略。随着全球化进程的加快，产业集群已经成为世界上引人注目的区域经济发展模式和产业发展的重要组织形式，越来越多的国家和地区，都把发展产业集群作为一种政策工具，使它成为推动产业发展、拉动区域经济增长、实现农村工业化和城镇化的重要战略方式。当前，我国正在推行新型城镇化战略，为促进产业结构调整、培育新的经济增长极，进而形成城乡社会发展一体化的新格局而努力。新型城镇化道路，不是单纯的城镇化，而是需要将各项生产要素在特定空间内集中起来，进而形成产业的集聚，确保区域经济持续稳定增长，支撑新型城镇的发展。因此，探索产业集群的形成机制和规律，对于区域经济发展和新型城镇化战略的顺利推行就具有重要意义。

（二）问题提出

正是由于产业集群已经成了一种推进区域经济发展的有效模式，我国各地政府为了发展区域经济和增强区域竞争力纷纷大力培育产业集群。然而，许多地方政府出于盲目的热情和政绩的需要，甚而至于在没有完全明了产业集群的形成和演变的机理的情况下，就推出了各种政策培育产业集群项目。这些产业集群项目有些取得了成功，有的遭到了失败，即使取得成功的集群项目也是徒有其表，许多产业集群甚至尚未成熟就出现了衰退，浪费了大量的经济和社会资源。究其根本，就是决策者没有把握住产业集群的内涵和形成机制。关于产业集群形成机制的研究，西方学界开始较早，已经有专业化分工、资源禀赋论、空间区位论、交易费用、社会资本等理论观点，有力地解释了西方产业集群形成演化的机理。但是具体到中国来说，这些理论显得不太适用，解释力不足。

西方产业集群理论不适合解释中国产业集群的形成，原因主要是西方的产业集群与中国的原发型产业集群存在着不同：第一，两者产生的制度背景不同。制度背景不同首先作用于生产要素的获取。西方产业集群兴起于资本主义的市场经济体制下，市场是开放的，工业生产所需要的生产要素在市场上是自由流通的，开办企业能够很容易获取生产所需的资源和要素；而在中国，原发型产业集群大多出现于计划经济体制之下，在改革开放之前和之初，国内的很多生产要素市场尚未开放，乡村社区的工业发展非常难以拿到生产所需的资源和要素。制度背景不同其次作用于产业集群发展支持性制度措施。

西方的资本主义市场经济国家，是一个"守夜人"的角色，市场经济的发展所需要的各项支持性措施基本上都很完备，企业只需要在遵纪守法的情况下就能正常运营；而在中国计划经济体制下，"全能型政府"统管着一切，政府事务、社会事务、经济事务纠缠在一起，法制观念也淡薄，因此各项规章制度很不健全，难以为经济的发展提供各项保障性制度措施。尤其是在乡村社区，开办工厂、城乡二元分割和协调治理方面非但没有支持性措施，反而还有着各项制度约束。第二，两者所在的区位不同。西方国家的产业集群大部分都位于工业基础较好的城市地区，空间区位良好，交通便利，有的甚至是在资源禀赋的基础上发展起来的；中国的原发型产业集群更多的是出现在一些边缘地区、城市周边地区的农村和小城镇，而不是人口密集和工业基础较为发达的城市地区。

我国绝大多数的原发型产业集群都是在改革开放后形成的，在随后的发展中迅速崛起成为区域经济的增长极，为区域经济增长发挥着重要作用。然而，这些形成产业集群的地区在之前基本上都是比较传统的乡村社区，现代工业基础薄弱，劳动力也缺乏现代工业发展所需要的技能素质，空间区位优势缺乏，甚至有些地区相对封闭、交通也不便利，也缺少国家的政策倾斜和投资。典型的是温州的产业集群，温州绝大多数地区为山地、平原较少，人口众多，呈现出人多地少的格局，自然资源缺乏、工业基础薄弱，也不在国家的政策倾斜和扶持范围之内，就是这样一个地区，成为中国产业集群最多的地方，如乐清柳市的低压电器、永嘉桥头的纽扣、瑞安的汽摩配、平阳萧江的塑编、苍南龙港的印刷以及市区的皮鞋、打火机和眼镜……其他如河北清河羊绒产业集群、河南虞城县南庄村钢卷尺产业集群等都多多少少地跟温州产业集群的发展类似。那么本书要探讨的问题是，为什么在这些自然资源缺乏、工业基础薄弱、空间区位优势不明显以及缺少国家政策扶持的地区，却涌现出了较为发达的产业集群？产业集群是如何在这些地区出现的？其形成的条件和机制是什么？本书将以 M 镇纺织产业集群为例来具体分析原生型产业集群形成的条件和机制。

（三）产业集群的概念界定及其认定

1. 相关的产业集群概念

要研究产业集群的形成机制，首先我们要弄清产业集群的具体含义，以及它的内在要素是什么。虽说对产业集群的研究热情出现于 20 世纪 80 年代以后，但是历史上对产业集群现象的关注由来已久，很多学者都对这种现象做了界定和研究。西方关于产业集群现象的研究较早，但直到现在，"产业集群"这个概念并不完全成熟，不同领域的学者们在研究中也尚未找到一个统一的标准，他们基本上都是根据自己的研究目的从不同角度界定的。

"产业集群"概念，其雏形最早可以追溯到阿尔弗雷德·马歇尔提到的"产业区"概念。1890 年，阿尔弗雷德·马歇尔（Alfred Marshall）在其《经济学原理》一书中将大量种类相似的中小型企业在特定地区的集聚现象，称作产业区（industry district）。

20 世纪 70 年代开始，在全球经济衰退中却充满活力的"第三意大利"地区，引起学者们的注意。其中一位学者茨扎曼斯凯（Czamanski）最早提出"产业集群"概念，认为产业集群是在产业中一簇在商品和服务联系上比国民经济其他部门联系更强，且空间上邻近的产业。其他一些学者认为"第三意大利"地区的产业集群现象更加类似于阿尔弗雷德·马歇尔的产业区特征，将其定义为"新产业区"。巴卡蒂尼（Becattini，1990）认为，新产业区是以同业工人及其企业簇群在特定区域内大规模自然地、历史地形成为特征的地域性社会实体。斯科特（Scott，1992）认为，新产业区是基于合理劳动分工基础上的生产商在地域上集结成网（生产商和客商、供应商以及竞争对手等的合作），并与本地的劳动力市场密切相连的产业组织在地域空间的表现形式。从这两个学者对"新产业区"的定义看出，他们认为的产业集群更突出地方社会和文化因素的影响。

罗森菲尔德（Rosenfeld）认为产业集群是无束缚的相似或相关企业的地理集中，以便于企业间可以获得协同效用。斯旺和普雷韦泽（Swan and Prevezer）认为产业集群是在某个区域内，同一个产业中一组企业的集中。这些概念，将产业集群仅仅定义在同一个产业中，而没有注意到其他相关辅助机构的作用。美国哈佛大学教授迈克尔·波特（Michael E. Porter）在 1990 年出版的《国家竞争优势》一书中正式提出了产业集群的概念，他将特定的产业集聚现象称为产业集群，认为产业集群是在某一特定领域内互相联系的、在地理位置上集中的公司和机构的集合。在特定区域中，具有竞争与合作关系，且在地理上集中，有交互关联性的企业、专业化供应商、服务供应商、金融机构、相关产业的厂商及其他相关机构等组成的群体（Michael E.Porter，1998）。波特将产业集群提高到国家竞争优势的高度，引起了政界、学界、商界的高度重视，因此波特对产业集群概念的定义也传播得比较广泛。

我国学术界早先在研究浙江、广东等地区域经济现象时，提出了"专业镇""块状经济"等具有本土特色的概念术语，用于指代广东、浙江两省的企业集群现象。20 世纪 90 年代西方产业集群理论引介到中国后，学术界对"cluster"一度存在不同译法，比如"产业集群""产业群""产业簇群""企业集群""企业群"等（张敏，2009），但是这些概念所包括的含义基本相同。我国学者在西方集群理论的基础上，也从不同角度提出了产业集群概念的定义，总体来看，主要有：其一，产业集群是一种新的产业组织形式。比如，仇保兴在《小企业集群研究》中，将产业集群定义为克服市场失灵和内部组织失灵的一种制度性办法。他认为，小企业集群就是一群独立自主又相互关联的小企业依据专业分工和协作建立起来的产业组织，这种组织的结构介于市场和层级组织之间。其二，产业集群是在一定区域内形成的企业网络。比如，盖文启（2002）认为，新产业区是指大量的中小企业在一定地域范围内集聚成群，集聚区内的企业在生产经营中进一步专业化，并在市场交易与竞争过程中彼此之间形成密集的合作网络（包括正式的和非正式的），协同创新。其三，产业集群是相同产业在某一特定地区的产业成长现象（徐康宁，2001）。其四，产业集群是具有共同的产业文化和价值的企业在一定地域空间内的集聚（王缉慈，2001）。比如，王缉慈从产业区位的角度研究了企业现象和相关案例，认为产业集群是一个典型的综合社会网络，是具有共同的产业文化和价值的企业在一定地域空间内的集聚，强调群内企业共同的社会文化背景及价值观念是生产区域"根植性"基础条件（王缉慈，2001）。产业集群的创新空间中，文化、传统、制度、人缘、地缘、血缘等人文社会因素是非常重要的影响因素。

从上述众多学者提出的诸多的集群概念中，我们可以看到他们基本上都将产业集群归结为：众多企业在某一地理区域的集聚。其内涵有两个维度，即地理集聚和经济集聚（谢贞发，2005）。地理集聚是相关企业在地理空间上的集中，可以是动态意义上的演化过程，也可以是静态意义上的宏观结果。但是地理集聚仅仅是一个必要条件，要形成集群，还要有经济上的集聚，即产业关系网络，包括纵向的产业链和横向的具有辅助性质的相关联企业和机构。具体来说，产业集群涵括的内容有：第一，产业集群是在一定的地理区域之内的；第二，集群内的企业处于同一产业之内，并相互之间存在专业化分工和协作；第三，企业依赖于特定的关系网络，包括纵向的产业链和横向的辅助公司与机构，以及企业主之间的社会关系网络；第四，集群是嵌入于当地的社会文化环境之中的，有特定的产业氛围和传统。

按中国乡村区域的产业集群的形成模式来看，主要有两种，一种是依靠地方内生性力量发展起来的原发型产业集群，一种是依靠外商投资驱动形成的嵌入型产业集群。原生型产业集群一般来源于地方内生力量，当地居民主要依靠本地的要素禀赋优势，民间传统工艺在以血缘、亲缘、地缘为纽带的人文网络的串接下逐渐演化发展起来。一般来讲，我国原发型产业集群都是由非公有制企业构成的，且多以中小企业为主。在发展之初，乡村里的个人或企业出于对自身经济利益的追求从事某一生产制造行业，因利润可观使邻近的村民觉得有利可图，纷纷加入进来，逐渐形成了一个以制造某种产品为主的专业市场。这样，在专业市场的促动下，越来越多的企业在以专业市场为中心的地理边界内大量出现，同时相关附属行业也逐渐衍生，企业之间的相互联系和竞争加强，并出现了一定的分工、协作特征，产业集群就初步形成了。

李友梅（2009）曾经对组织的含义做过阐释，她认为组织现象是始于一种合作，个体为了实现某个既定的共同目标而必须使自己的努力与他人的努力得以达成合力的行为模式。基于这种合作的群体必须以分工形式确立任务，为了能够协调不同的任务，人们需要建立相应的措施和执行这些措施的制度保证。依据李友梅教授对组织的释义，本书认为产业集群虽然不是人们之间有意建构的，很多还是自然而然产生的，但由于它也具备了组织的共同目标、合作、分工、协调等特征，并且各个主体相互之间也结成了紧密的联系，是一种介于市场和等级制之间组织生产的过渡形式，因而可以称为一种广义上的经济组织。

综上所述，本书主要研究的对象限定于产生自农村的原发型产业集群。本书关于产业集群的定义是，产业集群是在某一特定地区里，由嵌入于当地社会关系网络和地方文化传统且处于同一产业内的大量相关企业在相互协作与分工的基础上形成的经济组织形式。

2. 产业集群的认定 [1]

本书研究产业集群的形成机制，在选取案例的时候也要符合产业集群的标准。一个产业区如何就被认定为一个产业集群？怎么才能辨识产业集群呢？

现在国际上通行的产业集群辨识法主要有六种，分别是波特案例分析法、区位商数法、投入产出分析法以及基于投入产出理论的主成分分析法、多元聚类分析法和图论分析法（张建华、张淑静，2006）。然而，实践表明，这些产业集群的识别标准过于严格，很难将其应用到现实情境中。比如，波特的案例分析法强调产业集聚内的互动关系和特定产业的全球竞争力，但是全球贸易统计资料以及其他需要主观判定的要件，很难形成一致的标准。况且，该方法重点强调国家的竞争优势，没注意到产业空间的特征。区位商数法是一种静态的分析，不能有效分析产业间的互动和关联。而且对于一些非出口导向型的小型和潜在的产业集群也难以识别。投入产出分析法依然忽略产业

---

[1]　产业集群的识别并不是本书的研究重点，这里只稍微点出几种识别方法，分别对其局限性做出说明，然后，提出在中国如何辨别产业集群。

的空间特性，而且对于经常缺乏产业关联的资料等不利于测算。主成分分析法只能测算产业间的互补性关联而不是垂直关联，因此识别出关联度高的产业并不一定是产业集群。多元聚类分析法和图论分析法的局限是由于产业内在联系的复杂性，不能区分单独的产业集群（刘彬、陈圻，2006）。

除此之外，还有别的产业区识别方法。比如意大利 2002 年威尼斯大区规定的产业区的标准：一是某一生产体系中有联系的企业高度集中，二是一个能在支持地方经济活动中发挥作用的组织结构的整合。产业区的具体标志是，企业数应不少于 80 家、员工不少于 250 人。法国的辨识标准有四个，企业数目、就业数目、密度标准和专业化标准，这种标准侧重于企业数量、集聚程度和专业化程度与就业规模，但没有考虑产业间的联系（张建华、张淑静，2006）。国际经合组织也确立了几个指标：一是一个部门在地方和全国经济（工作、收入、对国内生产总值的贡献等）的重要性，二是产业间的投入和产业关系，三是供给和分配链，四是商业增长的来源（进口和出口）（谢贞发，2005）。总而言之，这些标准要求指标必须达到一定数目，否则就不能算作产业集群，标准的严格性以及僵化性，使得潜在的或者初期的产业集群不能被辨认出来。

中国的原发型集群虽然众多，但是严格说来，大多只能算是一种"准集群"的状态，真正处于成熟阶段的产业集群却极少（魏后凯，2008）。假如要严格按照国外标准来界定的话，是很难被认作产业集群的。因此，在辨认产业集群时，还是要根据实际情况来重新确立标准，否则会走入误区。网络性和根植性是集群的两个最重要特点，因此辨认集群的标准就是，区内经济关系和社会关系间具有高度的内在联系，即企业在一个地方相邻而结网，产生信任或在一起合作的愿望。而且，产业群是企业自组织或有组织的综合体，不是聚集扎堆就能称作产业群的。中国这种"准集群"是集群发展的初期阶段，其特征一般表现为集聚能力上的较强集聚特征、竞合能力上的产业链不成熟与服务环境不完善特征、开放能力上的流通外部化及一定区位品牌特征、创新能力上的弱势特征（李兴旺、李会军，2011）。因此，本书将符合"准集群"

特征的产业集聚都称为产业集群，也会依照"准集群"的特征去选择合适的研究案例。

二、产业集群理论的文献综述

经济学理论一般认为是市场促进了经济的发展，然而随着研究的深入，国家和社会因素也被认为是经济发展的不可或缺的重要条件。对于产业集群来说，也是如此。本书通过考察前人关于产业集群形成机制的文献，也从自由市场、国家和社会三个角度展开评述。

（一）产业集群分析的三种理论视角

产业集群最早是作为经济学的研究对象开始的，后来在众多学者的关注下，又从地理学、社会学、管理学、生态学等不同学科进行了多角度的研究，形成了众多的文献。关于产业集群形成演化机制的研究，从已有的文献来看，主要有三种重要的理论解释视角[1]：一是从古典经济学和新古典经济学发展而来的自由市场分析视角；二是经济社会学中以历史制度学派为代表的制度主义分析视角；三是从新经济社会学发展起来的嵌入性视角。这三种解释视角分别是从市场机制、政府和制度建构、社会网络和社会资本等方面分析了产业集群形成的动力机制。不同时期、不同地域、不同环境的产业集群可能形成的动力因素和机制不同，因此，深入考察产业集群的来龙去脉，不但有助于我们从学理上把握产业集群的内在动力因素和形成机制，也能有助于本书探究中国原发型产业集群的形成机制。

1.分工、规模收益和外部经济：市场机制的分析视角

经济学的核心概念是市场，经济学家认为市场是社会分工和商品经济发展到一定阶段的产物，是为了满足人们的需求自然产生的。然而，市场一旦

---

[1]　本书对产业集群形成机制的文献梳理的三种解释视角，借鉴了梁波关于经济产业发展及变迁的有关文献的三种分类（梁波，2010）。

产生就会按照自身的内在逻辑运转，成为自我调节、自我纠正、有效运转的机器，受价值规律和供需平衡原则所支配。人们受"经济理性"的指引，个人为了追求最大化利益去行动，在自由竞争的条件下，自由市场上资源最终能够达到优化配置。从产业经济学的角度来讲，在市场竞争的条件下，市场机制能够引导资源和要素在各个产业之间自由流动，最终实现最优化配置，从而使相关产业得到效益最大化，形成累积效应，产业逐渐获得发展和壮大。正如人类的"经济理性"一样，产业组织也是一个经济行动者，同样会受到"经济理性"的支配，在市场上受到市场这只"无形之手"的操纵。

经济学上的产业集群形成的路径经历着一个不断发展和扬弃的过程，从基本假设、核心变量到核心观点都随着研究的深入不断变化，从最开始的古典经济学到新古典经济学，再到后来新经济理论对新古典经济学的补充和改进，产业集群理论不断向前推进。不管如何，市场机制的理论视角研究产业集群的形成、发展演化都要建立在自由市场竞争的假设上，遵循市场的导向原则，在专业化分工和比较优势的基础上，规模效益递增，逐渐产生积累效应，最终能够在特定空间内形成产业集聚。经济学上的产业集群，本质上就是在自由市场的条件下，达到生产要素在一个地域空间内的集中，比如将生产所需要的货币资本、劳动力、技术、人力资本等生产要素和资源集中起来，有机组合达成竞争优势。具体来说，经济学者研究关于产业集群形成的理论主要分为三个阶段，第一个阶段是古典经济学时期的分工与专业化理论，第二个阶段是新古典经济学时期的集聚理论和空间区位理论，第三个阶段是新经济理论中的新经济地理学、新增长理论、交易成本经济学。后面的发展阶段都在继承前人研究成果的基础上不断对假设做出限定和加入新的变量将研究进一步深入，形成了今天经济学关于产业集群研究的蔚为众多的文献。

第一个阶段：古典经济学时期的专业化分工和规模报酬递增理论。

产业集群的核心是专业化分工和集聚，即此从事同一产业的大量企业在特定地理空间内的集聚。那么，是什么原因导致企业会在特定地理空间内产生集聚呢？从经济学流派给出的解释来看，这与专业化分工引起的规模报酬递增有关。从文献来看，最早论及产业集群思想的是古典经济学家亚当·斯密，他在 1776 年出版的《国富论》一书中就谈到了专业化分工与规模报酬递增的关系。亚当·斯密（Adam Smith）认为劳动分工不但使得劳动者技巧不断成熟，而且还节约劳动时间，这就使得劳动生产率大大提高，从而使得多个个体分工劳动的所得远远超过同一数量的劳动者各自独立完成产品的所得。亚当·斯密的这个分析就说明了人类生产活动的专业化分工是导致规模报酬递增的根本原因，通过专业化分工和规模报酬递增，一个地区就会逐渐积累起某种生产优势，不但能够扩大市场范围，而且市场的扩大还能促进生产部门的不断细化，进而促成某一特定空间范围内众多经济活动的集中，使得整个行业获得发展，最终会形成集聚经济。亚当·斯密的专业化分工与规模报酬递增理论是产业集群理论的源头，为后来经济学继续研究产业集群奠定了基础，后来的经济学家基本上都是在这一思想基础上向前推进的。

第二个阶段：新古典经济学的集聚理论和区域经济学的空间区位理论。

新古典经济学依旧秉承着古典经济学的自由市场原则，但是新古典经济学为了增强分析的严谨性，严格限定经济分析的各种条件，力图将自己打造成一门像物理学那样的科学，采用系统研究方法和抽象模型，形成了一套静态均衡理论。新古典经济学讲的产业集群遵从的是市场完全竞争、规模报酬不变和市场完全信息的假设，严格地采用经济学的抽象分析方法，将一切外部变量严格排除在外，只从内部寻找产业集聚的根源。

（1）阿尔弗雷德·马歇尔的集聚理论

以阿尔弗雷德·马歇尔为代表的新古典经济学家在继承亚当·斯密对劳动分工的思想后，第一个对产业集群进行了较为系统的研究。他通过研究工业组织，解释了基于经济外部性的企业在同一区位集中的现象，发现了经济外部性与产业集群的密切关系，认为产业集群是外部性导致的，间接表明了企业为追求外部规模经济而集聚（阿尔弗雷德·马歇尔，1991）。阿尔弗雷德·马歇尔认为经济外部性包括三种类型：市场规模扩大带来的中间投入品的规模效应，劳动力市场规模效应，信息交换和技术扩散。前两者称为金钱的外部性即规模效应形成的外部经济，后者是技术的外部经济。因此，以后有学者就把劳动力市场共享、专业化附属行业的创造和技术外溢总结为"马歇尔产业集群理论"的三个关键因素（克鲁格曼，2001）。在阿尔弗雷德·马歇尔看来，产业集群形成的直接原因是同行企业的地理集聚，而同行企业地理集聚的根本原因则在于对外部经济的追求（张旭明，2012）。

（2）阿尔弗雷德·韦伯的空间区位论

空间区位论是研究人类经济活动的空间区位选择和空间区内经济活动的优化组合的理论。最早的空间区位理论可以追溯到 19 世纪的农业区位论，它是德国经济学家的约翰·海因里希·冯·杜能（Johann Heinrich Von Thunen）于 1826 年出版的《孤立国》提出的空间区位理论，是世界上第一部关于区位理论的古典名著。农业活动与工业活动毕竟有着区别，第一个提出工业区位理论的人是德国经济学家阿尔弗雷德·韦伯。

德国经济学家阿尔弗雷德·韦伯（Alfred Weber）最早明确提出了聚集经济的概念。他非常重视工业区位的因素，从工业区位论的角度解释产业集群现象，在研究制造业规模庞大的迁移时，试图回答什么原因使某个工厂从一个区位迁移到另一个区位，决定迁移的一般规律是什么。他从微观企业的区位选择角度，阐明了企业是否靠近取决于集聚的好处与成本的对比，比如企业在选择区位时会经常受到地理禀赋、自然资源、运输条件、企业本身的偏好等因素的影响。阿尔弗雷德·韦伯认为，产业集聚分为两个阶段。第一个阶段是创业自身的简单规模扩张，从而引起产业集中化，这是产业集聚的低级阶段；第二阶段主要是靠大企业以完善的组织方式集中于某一地方，并引发更多同类企业的出现。这时，大规模生产的显著经济优势就是有效的地方性集聚效应。阿尔弗雷德·韦伯把产业集群归结为四个方面的因素，第一个因素是技术设备的发展。随着技术设备专业化的整体功能加强，技术设备相互依存会促使地方集中化。第二个因素是劳动力组织的发展。一个充分发展的、新颖的、综合的劳动力组织可以被看作是一定意义上的设备，由于其专业化，因而促进了产业集群化。第三个因素是市场化因素。这个因素最为重要。产业集群可以最大限度地提高批量购买和出售的规模，得到成本更为低廉的信用，甚至"消灭中间人"。第四个因素是经常性开支成本。产业集群会引发煤气、自来水等基础设施的建设，从而减少经常性开支成本。另外，产业集群能够达到最大规模，跟集群内的运输指向和劳动力指向的途径也有重要关系（阿尔弗雷德·韦伯，1997）。美国经济学家胡佛（Hoove，1990）在研究不同产业区位结构基础时，进一步分析了聚集经济和生产区位的关系，他将聚集经济视为生产区位的一个变量，并把产业集聚产生的规模经济定义为某产业在特定地区的集聚体的规模所产生的经济。他认为，就任何一种产业而言，规模经济有三个不同的层次：某个区位单位（工厂、商店等）的规模决定的经济，某个公司（企业联合体）的规模决定的经济，该产业某个区位的集聚体的规模决定的经济。

第三个阶段：新经济理论的继续推进。

新古典经济学采用完全竞争、规模收益不变和完全信息等假设，完全背离了真实的市场环境，对产业集群的真实形成过程必然存在着某些局限性。新古典经济学的要素禀赋理论无法解释经济活动地点集聚和持续存在的原因。另外，新古典经济学虽然强调外部经济和规模收益递增，然而即使企业数量增多了，规模收益增大了，它对经济的静态性分析也难以说明企业之间的分工与协作是如何出现的。总之，新古典经济学的解释忽视了产业分布的"时空性"，认为经济世界里存在着无权无势的行为者，他们均衡地分布在没有时间、没有范围的经济空间中（罗伯特·吉尔平，2003）。正因为新古典经济学对产业集群的解释有如此多的局限性，新经济地理学和新制度经济学对市场是完全竞争的假设做出了质疑，认为真实市场环境中竞争并不是完全的，也不存在完全信息的情况，它们在新古典经济学的基础上对产业集群理论做了进一步推进。

（1）新经济地理学的规模报酬递增理论

新经济地理学对新古典经济学的某些假设做了修改，强调不完全竞争、规模收益递增和多种均衡，对产业集群的形成做出了一个新的解释。新经济地理学阐释的核心问题是，为什么经济活动，特别是某些产业中的经济活动，往往非常集中地分布在若干地方？为什么这种集中能够维持很长时期？新经济地理学并没有否认新古典经济学中关于地理分布与比较优势或当地的经济状况相关，而是认为非经济因素、路径依赖、偶然机会和积累过程通常可以说明制造业和其他许多经济活动在某些地方形成和集中的原因。

　　按照新经济地理学的观点，经济活动在某个地区的最初设置和集中通常只是偶然机会或历史偶然事件造成的。但是，一旦工业建立起来以后，通过路径依赖和积累过程会导致经济活动在那个地区在一段很长时间内不断集中。也就是说，历史事件和积累过程基本上决定了决策者面临的选择和进行决策的背景。

　　具体分析工业或者经济活动是如何在一个地区集中起来的，这主要源于是新经济地理学派以不完全竞争和规模报酬递增代替新古典经济学的完全竞争和规模报酬不变的假设，还将主流经济学家没有重视的地理空间维度引入分析中。20世纪70年代以来，以克鲁格曼（Krugman）为代表的新经济地理学家在迪克斯特－斯蒂格利茨（Dixit-Stiglitz）垄断竞争模型（简称D-S模型）的基础上，引入地理区位等因素，分析了空间结构、经济增长和规模经济之间的相互关系，发展出了规模报酬递增的中心—外围模型，通过这个模型，克鲁格曼力图说明区域或地理在要素配置和竞争中的重要作用。他假设一个国家有两个地区，有两种生产活动（如农业和制造业），中心是制造业地区，外围是农业地区，工业生产具有规模报酬递增的特点，而农业生产规模不变，在规模收益递增、运输成本下降和生产要素的流入的综合作用下，制造业地区就会形成一个领先优势。拥有领先优势的地区吸收了其他地区的工业和经济活动，导致供应商在制造业地区越来越集中，而集中又导致了该地区更多的要素流入。这样就在积极的反馈机制和积累的因果互动关系下，形成了一个强大的"寡头垄断公司——欠发达的外围"经济结构，中心区依靠垄断地位就能使外围的欠发达地区发展得更为迅速。

　　克鲁格曼认为，企业和产业一般倾向于在特定区位空间集中不同群体，不同的相关活动又倾向于集结在不同的地方，空间差异在某种程度上与产业专业化有关。这种同时存在的空间产业集聚和区域专业化的现象，是在城市和区域经济分析中被广泛接受的报酬递增原则的基础。当企业和劳动力集聚在一起以获得更高的要素回报时，存在本地化的规模报酬递增为产业群的形成提供了理论基础。本地化的规模报酬递增和空间距离带来交易成本之间的平衡，可以用来解释现实中观察到的各种等级化的空间产业格局的发展。克鲁格曼（Krugman，1991）这个规模报酬递增的产业集群观点并不强调传统的"比较优势"观点，而是以垄断竞争为基础，将产业的空间聚集与国际贸易因素紧密联系起来，强调地方化的规模收益递增和空间距离交易成本下降是对产业集群发展的最好解释。新经济地理学的产业模型从理论上证明了制造业活动倾向于空间集聚的一般性趋势，并阐明由于外在环境的限制，如贸易保护、地理分割等原因，产业区集聚的空间格局可以是多样的，特殊的历史事件会在产业区形成的过程中产生巨大的影响力，并有一定的路径依赖性，产业空间集聚一旦建立起来，就有很大的可能自我延续下去。这种观点表明，路径依赖和积累过程的概念所产生的新观点阐释了历史事件和非理性事件如何对决定经济事件的制度产生巨大的影响（Arthur，1990）。

（2）新制度经济学的交易费用理论

新制度经济学继承了新古典经济学的核心假设，即稳定的偏好、个人的理性选择和可比较的分析，引入了信息和交易成本以及产权的约束，采用新古典经济学的理论和方法，分析制度的构成和结构，研究制度的作用和变迁。新制度经济学中与产业集群研究相关的是交易费用理论，企业间交易费用的减少才是企业集群产生的原因。

科斯（Ronald Coase）在1937年发表的《企业的性质》一文中，认为企业是作为市场的替代物而产生的，并通过形成一个组织来管理资源，可以节约市场运行成本。他进一步认为，在企业外部靠市场价格机制协调控制生产，在企业内部，由于交易被取消，市场交易的复杂过程和结构将由企业内部的管理者来代替控制生产，这些都是协调生产过程的不同方式，本质上是一样的。科斯提出交易成本理论并用它来分析了组织的界限问题，其目的是说明，企业或其他组织作为一种参与市场交易的单位，其经济作用在于把若干因素所有者组织成一个单位参加市场交换，这样减少了市场交易者的单位数，从而减少信息不对称的程度，有利于降低交易费用。科斯运用交易费用理论较好地解释了产业集群的形成。他认为，由于产业集群内企业众多，可以增加交易频率，降低区位成本，使交易的空间范围和交易对象相对稳定，这些均有助于减少企业的交易费用；同时聚集区内企业的地理接近，有利于提高信息的对称性，克服交易中的机会主义行为，并节省企业搜寻市场信息的时间和成本，大大降低交易费用。

在科斯的研究之后，威廉姆森（Williamson）等经济学家进一步对交易费用理论进行了发展和完善。威廉姆森将交易费用分为事前的交易费用和事后的交易费用。他认为，事前的交易费用是指由于将来的情况不确定，需要实现规定交易各方的权利、责任和义务，在明确这些权利、责任和义务的过程中就要花费成本和代价，而这种成本和代价与交易各方的产权结构的明晰度有关；事后的交易费用是指交易发生以后所产生的成本。按照科斯和威廉姆森的观点，从交易的角度来看，市场和企业只不过是两种可选择的交易形式和经济组织形式，他们之间不存在本质区别，他们之间还存在着多种其他组织形式，存在着双边的、多边的和杂交的中间组织形态，被称为中间组织。

产业集群就是处于市场和等级制之间的一种中间网络组织形式。集聚在某一特定地理空间内的企业，通过相互分工与协作，可以突破自身的资源局限，同供应商、客户，甚至是竞争对手建立起长期、良好的合作关系，从而获得研发、生产及营销上的优势（林竞君，2005）。

2. 国家、制度与产业政策：制度主义视角

新古典经济学认为国家和市场是两种截然不同且相互对立的经济活动组织模式，国家虽然可以帮助资本积累，但却无法从根本上影响经济组织的形式和经济活动的协调，而当代很多学者则极力反对这种观点（高柏，2008），他们认为国家和市场应该被看成是相互建构的活动领域，任何一个都不能在缺少另一个的情况下发挥作用，任何最具市场化导向的经济也要依

赖于法律和政治结构。

经济社会学中以历史制度主义和组织制度学派为代表的制度主义视角更加突出强调政府、国家的制度建构和产业政策以及非市场治理机制等对产业发展和变迁的决定性意义（梁波，2010）。组织制度学派认为，国家建设与市场建设是一个互动的、不可分割的过程。市场经常会由于技术进步和竞争而处于一个不稳定的状态，企业也需要维持它在市场中与竞争对象、供应商和雇员之间关系的稳定，这就需要国家来为市场的稳定制定相应的产权结构、治理结构、交换规则和控制理念等（弗雷格斯坦，2008）。国家在资本主义经济的创建过程中扮演着核心角色，它可以允许企业使用各种治理机制去处理竞争和冲突，甚至也可以通过直接的市场干预来达到预定的目的。历史制度学派认为，国家会通过直接或间接地影响治理机制的选择来构架经济。国家可以通过直接行动或者创建某种组织制度的形式，制约经济行动主体的策略行为和权力，以及影响经济生活中资源和信息的生产和配置，等等。此外，历史制度学派还非常强调产业或部门层面的治理结构与稳定企业之间的关系。非市场的治理结构通常要涉及不完全契约或以社会关系为基础的契约，企业之间会依靠网络交换信息的监督机制，彼此之间达成相互合作，减少有害的竞争，共同打造企业的竞争优势，在外部环境中，依然离不开国家构建的正式的、相对完整的契约的法律系统（高柏，2008）。

在一个国家或地区经济发展中，国家或政府起着非常重要的作用，它不但可以直接动用行政力量干预市场运行，还可以通过制定产业政策和各种制度建构来引导市场的发展。产业集群是一个经济聚合体，其形成和发展离不开国家产业政策和制度的影响。政府或者国家往往优先确定待发展的领域、地域、预期目标、制定政策和强制措施并选择好扶持的主体，引导和促进某些产业发展成为相应的产业集群。在这种视角下，产业集群理论包括地域生产综合体理论、增长极理论和新制度主义理论。

（1）地域生产综合体理论

国家在现代社会经济发展中无疑起着非常重要的促进作用，这方面比较典型的例子有计划体制下的苏联和中国等。20 世纪 30 年代苏联学者克洛索夫斯基（Korsocski）等人依据苏联加速社会主义建设时期开展了一系列大型生产综合体项目的实践，总结出了地域生产综合体理论，后被传入中国等社会主义国家，在 20 世纪六七十年代被介绍到美英等西方国家。地域生产综合体是指，在一个完整的工业区内，根据地区的自然条件、运输和经济地理位置，恰当地（有计划地）安置各企业，从而获得特定的经济效果，这样的一种各企业间的经济结合体。这一理论的基本思想是强调区域生产专业化与区域综合发展相结合，综合体内的核心产业主要由各地的自然资源和经济社会条件决定，而与之相配合的相关企业和机构则主要依靠有计划的分配方式来实现。地域综合体发展的根本动力在于它能比企业单独布点带来更大的聚集经济效果，它不是企业简单的地域聚集，而是使生产上相互补充的、经济上密切相关的企业在地域上有序结合布局，产生明显的经济效果（费洪平，1992；王海平、杨强，2008）。地域经济综合体理论以传统的计划经济体制为基础，是一种典型的自上而下的由政府驱动的产业集群，集群的建设完全是由国家投资完成的，集群的核心是经营类的专门化企业，并且具有较强的资源指向特征。它具有能够集中人力、物力、财力大搞建设的优势，但缺点在于强制的计划性造成了产业发展的弹性不足，成本较高，特别是微观主体缺乏积极性、主动性和创造性。（20 世纪 30 年代，苏联为了解决国民经济中的重大问题，提出了地域生产综合体理论。地域生产综合体理论对产业集聚研究的主要贡献在于：强调区域内各经济部门的有机结合、专业化分工与写作，各个部门共享各类基础设施和机构。）

（2）增长极理论[1]

法国经济学家弗朗索瓦·佩鲁（Francois Perroux）在 20 世纪 50 年代研究区域经济发展时，提出过通过国家力量发展产业集群的方法。增长极理论

---

[1] 增长极理论虽然是从传统经济学发展而来，但佩鲁认为工业企业的地理集中，完全可以通过政府自上而下的政策引导来实现，这个理论突出强调了政府政策的作用，因此，本研究把增长极理论放在新制度主义的视角之下。

最早由弗朗索瓦·佩鲁提出,其后由布德维尔(Boudeville)、缪尔达尔(G.Myrdal)等学者加以扩展和完善。增长极理论认为经济空间在成长过程中,总是围绕着极核进行,空间发展如同部门发展一样,经济增长并非同时出现在所有的地方,它是以不同的强度首先出现在一些增长点或增长极上,然后通过不同的渠道向外扩散,并对整个经济产生不同的最终影响。弗朗索瓦·佩鲁认为,现实经济中经济因素的作用是在一种非均衡条件下进行的,由于相互间的不均衡影响而产生一种不对称关系:一些经济单位处于支配地位,而另一些则处于被支配地位。弗朗索瓦·佩鲁把这种一个单位对另一个单位施加的不可逆转或部分逆转的影响称为支配效应。增长极具有技术、经济方面的先进性,能够通过与周围地区的要素流动关系和商品供求关系对周围地区的经济发生支配作用。特定企业的支配作用是发展过程中的积极因素,有利于整体的发展。占支配地位的企业是高效率的,能够有效地利用创新增加产出;占支配地位的企业实现规模经济,反过来又刺激了创新。这两种作用的叠加使支配型企业在提高经济效应的同时,通过关联效应和乘数效应最终带动社会发展。根据增长极理论,政府要找到关键性的主导产业予以扶持,再围绕主导产业配套发展相关产业,形成主导产业及相关产业的集聚,再利用主导产业及相关产业间的乘数效应和关联效应推动经济增长。主导产业形成后,相关产业将会围绕主导产业集聚,逐渐会发展为产业集群。在增长极理论看来,一个地区主导产业的形成离不开政府产业政策的大力扶持,因此围绕主导产业形成的产业集群也是由政策推动形成的(张旭明,2012)。

(3)新制度主义的产业发展理论

一些学者在研究发达资本主义国家早期工业化发展和后发资本主义国家赶超发达资本主义国家过程中注意到了政府力量在经济发展和形成产业制度中的重要作用。市场的发展和功能嵌入于各种制度之中,这些制度在某种程度上规制着一些产业的发展。这些制度因素包括市场的组织和治理方式、不同经济部门的治理机构和惯性思维、政策制定的意识形态和政治文化以及市场主体之间权力和力量的博弈关系等。现代生产市场至少都需要对实体工厂的投资；需要建立起组织；需要法律、社会和物质等方面的基础设施，比如各种形式的交通、金融和通信工具；需要有复杂的供应链；需要有劳动力市场并对熟练员工进行培训；需要对公平和不公平的竞争进行管制；需要有保证合约实施的手段。这些推动工业企业建设和发展的支持性结构和服务措施都需要政府的参与和建构（弗雷格斯坦，2008）。有学者在研究"第三意大利"的中小企业集群时，认为当地政府与中央政府的矛盾和对立是比较关键的启动性条件。"第三意大利"所在的艾米利亚－罗马涅夫地区比较支持地区共产主义，大批共产主义政党出身的人成为地方政府的官员，而这就使得由资产阶级组成的中央政府对这个地区充满敌意。地方政府与中央政府的对立也为了本地区的工业发展产生了意外的积极后果。首先，税收体系较弱，使艾米利亚－罗马涅夫地区的公司能够保有它们的收益和进行再投资；其次，地方政府与中央政府的冲突加强了区内工人、企业家和政府官员之间的团结。由共产主义政党出身的地方政府官员非常重视对本地企业家和工人的支持，为企业主提供信贷和鼓励小企业的发展。地方政府也为工人提供各种社会服务，促进了劳动者经济参与和增进了工人的社会福利。不仅如此，地方政府还组织各种文化活动，强化了企业家的艾米利亚人的身份认同感。这些意外的积极后果，对于促进本地企业的柔性专门化生产模式起了重要作用。

　　3. 关系网络和社会资本：嵌入性视角

　　市场机制的调节作用、国家制度和产业政策的引导力量被认为是研究产业集群形成演化的主要视角。然而，随着研究的深入，新经济社会学中以文化、信任、关系网络和社会资本等为核心概念的嵌入性视角也成为研究产业集群的一种重要视角。这种视角不仅关注企业自身拥有的社会资本，企业之间建构起来的关系网络，还会关注企业在特定网络关系中的节点和位置，这些社会资本、关系网络和占据的特定位置对于企业发展获得物质、能量和信息具有至关重要的作用。网络影响企业发展主要体现在三方面：一是非正式关系，即企业的社会关系网络与经济交换是深深交织在一起的，它通常与友谊、信任和声誉等联系在一起；二是正式关系，即企业间的产业关系网络，它通常以合资或资源供应的形式出现，企业主要通过这种网络之间的持续互动来获取利益，最终形成相互依赖和互惠的关系；三是网络也可以作为一种管理方式，它具有一种治理结构的属性，它对企业适应市场和环境频繁变动具有良好的协调和增强灵活性的作用（劳雷尔·史密斯-杜尔，沃尔特·W. 鲍威尔，2014）。

嵌入性视角从社会网络与企业网络的角度出发，认为人类社会的经济行为并不是脱离社会独立存在的，而是嵌入于社会关系中的，企业不但与相关的生产协作单位联系在一起，而且还是与地方社会文化和权力关系网络紧密连接在一起的。在市场中间网络组织中，除了广泛存在的市场交易关系外，还包括广泛的发生在网络行为主体之间的非贸易（交易）的相互依赖性。在产业集群内部，就不仅存在着广泛的企业社会分工与协作的经济联系，还存在着广泛的知识交流、信息流动、正式和非正式的制度规范、创新文化环境、信任与合作等社会联系。哈里森·怀特（Harrison White）的生产市场理论和罗伯特·伯特（Robert Burt）的结构洞理论为新经济社会学的发展奠定了基础，自从马克·格兰诺维特（Mark Granovetter）提出"嵌入性"理论之后，学者们在嵌入性理论基础上进行了大量研究。其中与产业集群有关的嵌入性研究主要有社会资本与产业集群的研究、关系网络与产业集群的研究。

（1）社会资本与产业集群

第一个对社会资本概念进行系统表述的是法国社会学家皮埃尔·布迪厄（Pierre Bourdieu），他把社会资本界定为现实的或潜在的资源集合体，这些资源与拥有或多或少制度化的共同熟识和认可的关系网络有关，换言之，与一个群体中的成员身份有关。它从集体拥有资本的角度为每个成员提供支持，为他们提供信任凭证。布迪厄的社会资本概念本质上是工具性的，是一种社会网络，而这种网络是获得收益的可靠来源。在布迪厄的研究基础上，科尔曼（Coleman，1988）、林南（Lin）和波茨（Portes）等人把社会资本界定为一种社会结构资源；普特南（Robert D. Putnam）把社会资本界定为规则、网络和信任。不管这些学者如何界定，他们都认为社会资本产生于网络，能够为结构内的行动者提供资源，通常以信任、规范和网络为代表形式。这些界定为学者们做产业集群研究做了良好的铺垫。

贝尔（Bell，1999）第一次对产业集群内的社会资本进行定义，认为所谓社会资本是指存在于集群内部，通过促使行为主体进行互动而产生的资源。卡特·安能（Kurt Annen，2001）认为社会资本是社会网络中基于合作的参与者的声誉，是建立在个人层次上的产业集群中企业与企业之间的互相信任、友好、尊敬和相互谅解的关系。社会学家博特（Burt）认为，弱联系是学习和创新的重要渠道，它对于集群发展有着重要的影响。美国哈佛大学教授普特南（Putnam）首先关注集群与社会资本的关系，在对意大利研究后发现，"第三意大利"由于存在丰富的社会资本而导致集群的发展。社会学家方坦（Fountain）认为，社会资本一个最关键的特征是信任的可传递性，而信任的可传递性建立在网络基础上，信任的可传递性导致知识沟通、传递以及组织的知识学习（盖文启，2002）。贾科莫·贝卡蒂尼（Giacomo Becattini，1990）在系统考察了意大利的托斯卡纳（Tuscany）地区后，认为"第三意大利"的专业化区域的发展得益于本地劳动力分工基础上实现的经济外部性，以及当地社会文化背景支持下企业之间的相互协作关系。萨克森宁（Saxenian）在研究硅谷时认为硅谷地区的区域文化对于集群优势的形成具有很重要的作用。硅谷地区具有一种鼓励冒险、善待失败和乐于合作的文化氛围，这种文化氛围使得内部的成员之间可以进行相互合作和自我组织。这些学者从社会资本、地域文化氛围以及网络的基础上强调了集群内企业间的相互合作与信任，阐释了集群优势的形成，以及集群内企业生产分工与协作的弹性专精模式。

（2）关系网络与产业集群

在经济社会学里，关系网络是作为一种社会结构来看待的，主要是用来分析网络对人和组织的影响。尽管如此，网络分析通常具有两个不同的研究视角，第一个视角是将网络视为一种存在于企业内或企业间以及组织环境中关系纽带的分析工具，它源于社会学和组织理论。1973年，马克·格兰诺维特在研究寻职过程中对网络关系进行了研究，提出了"关系力量"概念，并进而提出了"弱关系的强力量"的观点。之后，许多网络研究的新概念也被提了出来，如博特的"结构洞"、林南（1999）与斯威德伯格（Swedberg，1997）的"社会资源"等。这种视角将网络作为一种非正式机制，正如马克·格兰诺维特指出的，社会关系渗透于各个企业间，经济组织和个体行动者一样受社会关系网络的限定。一方面，企业间的交往和联系并不是通过正式的经济交易规范而达成的，很大程度上可以通过社会关系网络实现；另一方面，企业内部的等级制度也常常表现为非正式的社会关系网络（朱国宏，1998）。

作为一种分析工具的网络分析，这是方法论意义上的社会网络，主要是强调社会网络在摄取资源、获取机会、获得社会支持等方面的作用。贾里洛（Jarillo）认为集群企业在其社会关系网络中的位置会影响企业的核心能力，借助有利的网络位置企业可以在价值链上获得更多的竞争优势，以此增强其成长能力。雅菲（Jaffe）研究认为集群企业与大学或科研院所建立良好的网络关系可以有效提升企业的创新能力。乌兹（Uzzi）以嵌入性的思想为出发点研究了企业网络。他认为企业间的社会纽带通过产生独特的机会而影响着企业的经济行为。企业所嵌入的社会网络决定了企业具有多少经济机会。萨克森宁在研究硅谷地区时指出，硅谷地区密集的社会网络和开放的劳动力市场鼓励了企业家精神和对资源的持续动员。在分散的体系中，密集社会网络和开放的劳动力市场鼓励了企业家精神和对资源的持续动员。公司之间高度竞争，但公司间也通过非正式交流、合作性和与研究社团、大学之间的普遍联系来学习变动的市场和科技。马克·格兰诺维特在所主持的"硅谷社会网络"研究项目组（Silicon Valley Networks Analysis Project）中对硅谷地区的社会网络做了一个研究。他认为硅谷地区的社会关系网络有着双重作用，一个是"关系的"，通过社会关系网络，行为者之间产生相互依赖，另一个是"结构的"，通过社会关系网络结构能够使人们之间建立信任关系和避免不当行为。硅谷地区广泛的社会关系网络构成一个独特的体制背景，在这个背景中，行为者的创业可以复制成功的例子（Granovetter，2000）。

第二个视角是将网络作为一种组织构架的状态和治理结构，是一种正式制度。虽然新制度经济学在研究经济制度时，注意到了在市场和企业两种制度形式之间还有某种类似于"网络组织"的中间组织形态，但认为它是不稳定的组织形态，并未把它当作一种如市场和企业同等地位的正式组织结构来分析，这是有缺憾的。新经济社会学的网络组织研究中，认识到了稳定的社会关系网络在交易双方中发挥的重要作用，这种重要作用甚至比纯粹的市场和企业组织形式作用更大。如艾科斯（Eccles）的"准企业"和斯威德伯格（Swedberg）的"企业集团"都是依靠长期稳定的交往合作关系结合在一起，具有稳固的、平等的横向联系的企业联合体。这种视角将网络看作一种组织结构或治理结构形式时，是从其本体论意义来说的，说明的是其聚合作用，即把它当作使各个个体整合为一个有机组合体的社会黏合剂，代表着经济生活中相互依赖的关系网络。

网络作为一种经济治理结构，主要体现在关系合同、协作生产和战略联盟三种经济形式上，具体则包括交叉董事会、产业集群、商业集团、战略联盟等，主要是强调社会网络在摄取权力和组织生产方面的作用。产业集聚被认为是一种社会网络拓扑结构。沙查尔和祖斯科威特（Shachar & Zuscviteh）指出有效的社会网络可以使区域中的企业获得组织能力、市场能力、抗风险能力，从而提高企业的成长潜能。区域经济从某种角度可以看作是由各种交易活动构成的复杂网络，产业集群则是这一网络中各种关联尤为密切且交易活动植根于其他关联之上的特定区域，地理毗邻只是各种可能的关联之一，除此其他关联还有技术合作、转包生产、种族信仰、技术背景等（Scott，1991；Wasserman S. and Faust K.，1994）。罗兰德和赫托格（Theo J.A.Roelandt and Pimden Hertog,1999）则认为产业集群应具有这样的网络特征，即联系紧密、相互依赖的生产企业在增值链中彼此联系，包括相关企业的战略联盟——大学、研究机构、中介机构、咨询机构及客户。

4. 对前述产业集群文献的评述

前面分别对市场机制、制度主义和嵌入性三种研究产业集群的视角做出了梳理和分析，从中我们可以看出三种视角强调的解释机制是不同的。市场机制的视角强调了市场的调节和分配作用，制度主义视角强调了政府的制度建构和政策引导作用，嵌入性强调的是文化、关系网络和社会资本的作用，三者对产业集群的形成演化做出了不同的解释。

市场机制的视角虽然都是在强调市场的调配作用上，但是我们可以看到在这一视角之下，经济学内部各个流派还是对产业集群的解释不断推进。从内部流派来看，经历了古典经济学、新古典经济学、新经济理论的跨度，从不同的研究角度出发，通过修正基本假设和增加新的变量，各个流派对产业集群的研究不断深入。尽管各个流派研究角度不同，市场竞争从完全竞争修正到了不完全竞争，但还是都涉及关键的核心概念，比如专业化分工、外部经济、规模报酬递增等。市场机制的解释视角认为，在市场竞争的条件下，通过市场机制的作用对资源配置做出调节，在特定地区就会产生专业化分工，在分工的基础上地区内的工业会越来越多，同时各种生产要素在这个地区集聚，通过积极的反馈机制和累积效应，会确立这个地区的领先优势，从而导致地区工业集聚。在西方资本主义市场经济体制下，这种视角强调市场的基础性调节作用，认为产业集群的形成是在市场机制的作用下"自下而上"形成的，是一种微观解释视角，比较契合西方产业集群的形成演化过程。

具体来看，古典经济学对专业化分工和规模报酬递增理论的分析为产业集群研究奠定了基础，新古典经济学承接了古典经济学的市场完全竞争假设，对集群经济的外部性做出了研究，认为外部经济是集群产生的重要原因。然而，新古典经济学对完全竞争市场和完全信息的假设，只是为了分析的分别而去除了很多现实的要素，将经济世界比作一个静态的均衡体系，忽略了客观经济现象的时间和空间特征，在现实中有着很大的局限性。新古典经济学在静态分析方面非常有用，但它无法解释对于长期经济增长动因至关重要的爱好和技术变化等外在因素，而且正如克鲁格曼所见，新古典经济学处理经济事务的方法缺乏时间和空间的范畴，把经济活动设想在没有历史和地理的抽象宇宙中发生，导致它不能恰当地分析一国的历史发展或地理结构。空间区位理论认识到产业集群中地理空间特征的属性，从地理空间的角度做出了产业集聚都是趋向于在具有区位优势的地方形成的结论。新经济地理学和新制度经济学尽管提出了新的概念试图克服新古典经济学固有的不足，但它绝不推翻传统经济学的基本理论或假设，用以取代传统的新古典经济学，而是在有些问题上对新古典经济学的原理做了修改。新经济地理学引入了时间和空间概念，并通过数学模型对产业集聚进行了严密的论证，从深层次上解释了其发展演化的经济机制，弥补了已有的产业集群理论的不足。然而由于其过于偏重数学模型、采用一些不容易被量化的技术外部经济因素和缺少与传统经济地理学的沟通而遭到诟病，甚至有学者认为他并未超出阿尔弗雷德·马歇尔、阿尔弗雷德·韦伯等传统产业集聚理论的观点，而仅仅是重复。尽管新古典经济学也承认制度对经济活动的结果起了作用，但他们以市场为重点的倾向往往使很多人忽视了制度的重要意义（罗伯特·吉尔平，2003）。新制度经济学中的交易费用理论采用不完全竞争假设，认为人们之间的交易活动是有成本的，产业集群这种处于市场和企业之间的中间性组织能够减少企业之间的交易费用，有利于企业发展。

制度主义的视角，强调自上而下的国家或者政府在经济发展中起着重要作用，这是从宏观角度来探讨产业集群的。这种视角认为国家或政府的力量、基本的制度建构和制定的相关产业政策等因素在形成产业集群中具有主导地位，产业集群的出现就是国家力量驱动作用的结果，不需要或者较少考虑市场的基础因素，带有一种"政府决定论"的意味。地域生产综合体理论认为工业集聚区基本上是在政府力量的推动作用下形成的，有没有市场机制的作用并不是很关键。这种理论非常适合于解释苏联和计划经济体制时期的中国在建设一些工业区时采用的做法，经济能否发展和绩效如何并不是关键，关键是要符合国家战略的要求，建设战略性的工业区为整个国家的发展服务，这种理论具有很强的"计划性"色彩，将政府打造成一种"全能"角色，忽视了市场在产业集群形成和发展中的基础作用，有失偏颇，从一些地区的实践来看，政府的作用有限，其客观效果并不能令人满意（迈克尔·波特、竹内广高、神原鞠子，2002；谯薇，2002）。增长极理论虽然是在经济学的视角下得出的，但是它强调以国家为单位，运用政府力量推动整个地区的产业发展和竞争优势，这也在一定程度上解释了某些工业区的形成，然而，为人所诟病的是"增长极"工业区很容易产生"极化"作用，使得地区之间差距进一步拉大、推动产业的过度发展，形成"飞地经济"或"孤岛经济"等。从历史制度主义和组织制度主义出发的新制度主义视角主要探讨了资本主义国家在经济发展中国家或政府的制度建构的规约作用和政策制定的引导作用，这种视角尊重市场的基础性作用，认为制度建构和政策制定等支持性措施是产业集群形成演化的必要条件。这种宏观的解释视角，充分看到了国家力量对产业集群形成演化的作用和影响，但是对于里面的具体作用机制并没有进行深入分析，尤其是对于产业区里面企业主体的作用没有谈及，直接从"结构"到了"结果"，缺少一些中微观的分析。

　　嵌入性视角，既不同于市场机制强调市场竞争的作用，也不同于制度主义强调国家的力量，而是一种介于市场和制度之间的中观层面上的理论，并试图综合市场机制和制度支持的作用来讨论集群的形成演化，微观层面的市场机制和宏观层面的制度建构要起作用还必须依赖中间层面的关系网络结构以及地域文化结构[1]。在某种程度上，中间结构甚至起到了非常关键的作用。嵌入性视角中的社会资本理论在研究产业集群时认为集群所处的地域的社会

---

　　[1]　周雪光认为，经济学、制度学派和社会网络理论对个体行为的解释是不同的。经济学的微观基础是在一组假设前提下，人应该怎样去追求最大化，它关心的是个人问题。制度学派关心的是在一个制度环境条件下，人们的行为是怎样的，它关心的是相同的制度环境对不同的人或组织的影响。社会网络理论认为，一个人的行为为什么会这样或那样，原因在于人们所处的独特社会关系网络以及他们在关系网络中的位置。社会网络理论不是在个人层次上也不是在制度上寻找答案，而是在同样的制度条件下立足于网络的结构来解释个人的差异。由此可以看出，经济学是一种微观解释，制度学派注重的是一种宏观分析，社会网络理论则正好处于经济学解释和制度学派的解释之间，是一种中层的解释理论（周雪光，2003）。

资本、文化氛围促成了企业之间的信任、规范和网络，这对集群的形成和发展非常重要。关系网络理论在研究产业集群时，关系网络不但可以作为一种分析工具，在企业之间起着摄取资源、传递信息、提供支持的作用；还可以作为一种网络结构，在组织生产、抵抗市场风险、获取权力等方面起着重要作用。从嵌入性的视角研究产业集群，充分估计到了微观、中观、宏观三个层面因素的作用，也更强调了中观的关系结构在三者之中的统摄作用，缺少了中间结构很难将产业集群的形成演化描述清楚。

总之，市场机制视角、制度主义视角和嵌入性视角尽管在研究产业集群中各自都有很大的解释力，但是因为各自强调的因素不同，在现实中也必然存在着某些局限性。市场机制视角下的新古典经济学下阿尔弗雷德·马歇尔的集聚经济理论和阿尔弗雷德·韦伯的空间区位理论强调市场自由竞争的作用，企业通过自由选择区位和生产要素在市场中的自由流动产生集聚效应。这种解释视角在西方资本主义国家各项制度健全的情况下比较适用，但完全照搬到中国可能有所欠缺。比如，它强调经济理性的不受约束性，不太重视具体环境中的社会、文化和制度的约束等；它关于集聚的解释，也更多的是从区位优势来分析工业分布和工厂区位选择，中国的大多数原发型产业集群所在的乡村区域很难讲具备什么优势，在开始时期基本上不可能影响其他地区的工业集聚到特定地区；西方工业发展处于一个各项规章制度健全的环境中，企业发展一般情况下都能够从市场中获取所需要的资源，但是中国乡村地区的原发型产业受制于中国不太开放的要素市场，如果完全依赖市场而不靠非市场机制必然在发展上受到限制。因此，市场机制的解释视角在解释中国原发型产业集群时有所欠缺。

制度主义视角下的地域生产综合体理论适合于解释新中国成立之后、改革开放之前中国为国防战略需要和工业发展而建设的一些工业区；增长极理论适合于解释国家对地区主导工业扶持而形成的地域产业，比如国家大力打造的高新产业区以及汽车城、钢铁城等；新制度主义充分重视了在市场机制的作用下，国家制度建构和政策引导的作用，这对于研究宏观区域产业发展和变迁十分有用，对于某些产业区的解释也非常有效。但这三种理论对于中国的原发型产业集群有些不适用，中国很多的乡村产业区或产业集群虽然是乘着改革开放的春风发展起来的，但很难说是国家制度建构和产业政策的结果，更多的是一个机遇背景。况且，这种视角强调了一种"自上而下"的区域发展政策，单纯依靠外力（外来资本以及本地自然资源禀赋等），并不能解释中国绝大多数产业集群靠内生力量发展起来的这种情形。

产业集群本身是一种复杂的经济现象和社会现象，嵌入性视角在市场机制和国家建构制度之外另辟蹊径，强调了关系网络和社会资本以及文化的作用，是近年来研究集群的一个重要取向。通过嵌入性视角，学者们认识到了"经济活动的社会性嵌入"在产业集群现象中的重要作用，在实际分析中也比较可行。然而，嵌入性视角往往比较突出当下环境中的关系网络和社会资本的重要作用，而忽略了历史因素和制度结构因素。正如马克·格兰诺维特所认为的，在嵌入性论断中所采用的因果分析水平是一种近因分析，这种分析并没有涉及究竟是何种广阔的历史环境或宏观的结构环境导致诸体制展示出它们所具有的社会结构特征，所以不主张将这一分析用于回答关于现代社会的性质，或是经济与政治变迁的根源之类的大型问题。嵌入性视角给我们提供了一个研究产业集群的很好的视角，然而对于产业集群的形成，还需进行历史分析和结构分析。

（二）国内产业集群形成机制的经验研究

中国的产业集群实践早于理论。虽然在改革开放以前，我国为迅速实现工业化，按照苏联模式在一些地区集中各种资源建成一批重工业基地，形成了一些企业的集聚，但严格意义上来说并不能算作真正的产业集群。改革开放后，我国各地区域经济发展比较活跃，在东南沿海一带逐渐形成了一些特色产业区，中小企业集群现象大量出现，引起了国内学者的关注，做了较多的研究。从已有的文献来看，国内学者对产业集群理论的研究主要侧重在两方面，一是对西方产业集群理论的述评和研究，包括从集聚经济、专业化分工、竞争力分析、社会资本角度分析产业集群的成长及其发展机制、生命周期、集群创新及政府职能等。二是在借鉴国外理论研究的基础上，结合中国案例探索中国产业集群的概念解析、内在成因、特征、分类、演化规律、产业集群创新和区域竞争力等（杨洪焦等，2006；贾文艺等，2009）。关于原发型产业集群的形成机制，国内学者主要是从以下几方面展开的经验研究。

1. 从区位优势、专业化分工、知识技能扩散等角度

产业集群是就一定的地域来说的，其形成要依赖于区域内某些条件的支撑。区域内的成本、需求、产权、市场结构、产品要素市场、地理距离和专业化分工等是形成产业集聚的重要因素。王缉慈（2001）将企业集群的形成归因于专业化劳动力市场的存在、原料和设备供应商的存在、接近劳动力市场的存在、原料和设备供应商的存在、接近最终市场或原材料集贸市场、特殊的智力资源或自然资源的存在、有基础设施可共享等外生因素可能导致产业集群。许仁祥（1998）是从聚集经济角度分析产业集群的，他从成本、需求和环境等因素分析了城市经济环境对产业聚集和产业发展的影响，并指出产业聚集是城市聚集经济的重要表现形式。仇保兴（1998）从专业化分工角度分析了企业集群的形成机制，从产权、市场结构、产品和要素市场以及人文环境分析了集群形成发展过程中的制约因素。刘军国（2001）进行了产业集群的实证研究，他以河北清河羊绒市场为例，分析了产业集群的形成机制。他认为产业集聚是报酬递增的加速器，集聚降低了交易费用，促进了企业协作，形成了报酬递增和分工不断深化的机制。李国武（2009）采用既定区域内技术就近扩散式的产业聚集理论解释河北清河羊绒产业集群的形成，他探讨了在区位既定的前提下，区域内的人们可以选择的职业，创新性生产技术在邻近的地理空间内扩散的原因和路径，是技术的就近扩散造成了特定产业地方化的现象。

2. 从制度变迁和政府支持角度

中国是一个发展中国家，在发展经济过程中出现的制度变迁给产业集群的兴起和发展提供了一个历史性的境遇，而且某些具体制度的障碍或者松动

能够使得一些地区出现特殊的集群现象。比如，李国武（2006）认为我国的大部分原发型产业集群是在计划经济体制末期和向市场经济体制过渡初期开始起步并形成的，制度变迁的背景给原发型产业集群的兴起提供了很大机会，比如有区域间流动的制度性障碍、社区集体经济制度等。陈瑾（2011）认为，产业集群的兴起和发展受到宏观环境的影响，主要分为五个方面，一是国家产业布局规划建设奠定了初步基础；二是招商引资政策下承接加工贸易和国家产业转移的政策契机；三是政府对发展高新技术产业和重点产业的规划引导；四是市场经济体制拓展民营经济发展的广阔空间；五是后危机时代动态环境引发产业集群发展模式加快转型。从"苏南模式"的发展轨迹来看，社区政府和地方政府在乡镇企业发展过程中起着主导推动作用。公社体制时期，苏南地区的集体经济基础氛围和精神浓厚，在改革开放后，集体经济依然保留了下来。社区政府和地方政府为了地区财政大力支持集体企业的发展。乡镇企业的集体产权保证了政府帮助企业组织土地、资本和劳动力等生产资料，依靠"政府信用"企业从银行获得贷款，政府带领农民找市场、造市场。非但如此，地方政府的主导作用还体现在为区域经济发展提供良好的基础设施和优惠的政策，比如规划工业园区和招商引资等（杨翼，1986；费孝通，1992；宋林飞，2009；潘维，2012）。

3. 从区域的历史传统角度

地域内的历史文化和工商业传统对一些产业集群尤其是原发型产业集群的形成具有重要作用。金祥荣和朱希伟（2002）假设了产业发展都需要存在"产业特定性要素"和"重叠性要素"的竞争，"产业特定性要素"在特定地理空间的发育、集聚形成浓厚产业氛围，在"外部环境"有利于其扩张时，专业化产业区就会逐渐形成并扩大。在对广东、浙江的一些实证研究中，学者们认为产业集群的形成，需要内外因素的共同作用。内生因素包括区域的地理环境、资源禀赋和历史文化系统等，尤其是当地的企业和居民的崇商文化、创新精神，外生因素包括外在的制度条件、经济发展机遇和外来投资等（朱康对，1999；陆立军，1999；陈雪梅、赵珂，2001）。徐康宁（2001）认为典型的产业集群形成至少需要三个条件：资本在某一区域内实现较快的集中，劳动力和产业技术充分自由流动，并实现与资本的自由组合；市场的充分供给，有市场能充分接纳在产业集群区生产的大量商品；当地的制度（政府政策、商业习惯、竞争文化等）允许并鼓励集群现象。符正平（2002）从供给与需求出发指出产业集群的形成需要聚集网络的外部化和一定的社会历史文化条件。汪少华和汪佳蕾（2002）在分析了浙江省集群成长过程后，提出了由观念、制度和技术所构成的创新模式是集群演进的原动力。

4. 从社会关系网络等角度

中国情境下，传统的亲属关系网络、信任、社会资本在人们日常经济生活中具有重要作用。"江浙模式"的横空崛起，曾经让很多学者对它进行了研究，很多学者都把其归因于"经济能人"利用关系网络突破制度约束获取稀缺的生产要素后借着改革开放国家政策的放松发展起来的（费孝通，1985；周晓虹，1998；曹锦清、张乐天、陈中亚，2001；杨建华等，2006）。在前人研究的基础上，学者们比较注重从关系网络的角度来研究江浙一带的产业集群。朱华晟（2004）通过对浙江传统产业集群的研究，提出了社会网络机制在集群不同阶段的表现形式和对集群演进的重要作用。池仁勇（2005，2007）运用社会网络研究方法定量分析了浙江产业集群的情况，但仍属于静态研究。顾慧君、王文平（2007）认为以前的社会网络分析属于静态研究，忽视了社会网络的动态演化。产业集群与社会网络是一个动态互构的关系，社会网络对产业集群形成影响的时候，自身也会随之发生变化。对珠三角地区的企业集群，学者们注重从企业网络角度或企业家的角度来开展研究，同时也强调企业家创新精神在发展中的重要作用。比如李新春（2002）通过对珠江三角洲企业集群的实证分析，从企业家协调和企业资源获取角度，指出仿效、地方政府制度化资源以及企业集体行动集群形成和发展过程中的作用。以外向型经济为主导的"珠江模式"因为侨乡的缘故，依靠丰富的社会关系资源，吸收外来资金、技术、设备与信息，为企业的发展提供了十分有利的条件（宋林飞，2009）。由于中国经济发展中的乡土性关系比较浓厚，近年来很多研究者都非常注重从社会网络的角度对集群进行研究。比如王腊银（2012）认为产业集群的形成是基于社会网络关系基础上的知识技能扩散和行为主体间连接动力的社会网络稳定的结果。

我国台湾地区的学者在研究台湾地区集群现象的形成与发展时，注重运用社会关系网络理论解释，这主要有两大路径：一是从社会学观点出发的研究，企业家的协作关系网络是建立在网络成员之间彼此承诺与信任的关系之上的（王如玉，1992），而这种承诺与信任关系则是需要依靠企业主之间的社会关系的建立，因此企业主之间的社会关系是维持网络安定的主要力量；二是从经济学观点探讨关系网络，认为企业因降低交易费用、依赖稀缺资源、降低不确定性等原因形成网络关系（仇保兴，1998）。

另外，具体到中国纺织产业集群的研究，有学者对中国纺织产业集群的形成模式进行了总结，大约存在以下六种：一是纺织产业在当地有悠久的历史，是植根于当地的传统产业，几乎家家户户都与纺织产业有着千丝万缕的联系，20世纪80年代，乡镇企业崛起，"纺织"就自然成为当地的首选产业；二是在农村城镇化过程中，一家企业做某种纺织产品取得成功后，带动左邻右舍纷纷跟进，在一定的区域内，集中了相当数量的中小企业分布，围绕着某一类主打产品形成产业集聚；三是产业与专业化市场互动形成产业集聚；四是外商投资和出口拉动形成的产业集聚；五是由一个或若干个优秀骨干企业带动集群的形成和发展；六是20世纪90年代全国纺织业大调整时期，一些中心城市的国有企业下岗职工利用自身会管理、懂技术的优势创业，抓住本地市场空缺，开办纺织服装等加工店，形成前店后厂的形式，逐渐形成气候。政府因势利导，将分散的小作坊集聚到工业园区而形成产业集聚（张凤涛，2012）。

综观国内学者对产业集群形成的研究，主要是在跟踪国外理论进展的基础上展开的，多数属于宏观层面的综合性研究和对个案的调查分析（张占仓，2006），很多经济学家对江浙粤一带的产业集群采取了"模式化"研究的程式，为中国的产业集群研究奠定了基础。"集群"概念引入中国后，研究者多从专业化分工和知识溢出、制度变迁和地方政府的作用、区域历史传统文化、社会关系网络等角度对产业集群进行研究，在一些方面也做出了某种程度的创新。但总体来看，很多从经济学角度和正式制度角度出发进行的研究过多强调了经济的因素和政府推动的作用，对于国内新兴的产业园区型的产业集群确实具有极强的解释力，但是也有很多实例表明严格按照经济因素配置且有政府强力培育的产业集群遭到了失败。而且从我国许多地区的原生型产业集群的发展轨迹来看，事实也并非如此，在集群初兴以及集群发展前期没有获得规模优势和竞争优势时，集聚优势已经具备是不符合实际情况的，这样未免存在着倒果为因解释的嫌疑。

　　一些学者从社会学角度进行的研究，比较注重产业集群兴起和发展中的企业家精神、乡土商业文化、家族制度和关系网络等因素的作用，为中国原发型产业集群特别是江浙一带的产业集群的研究做出了比较好的解释。然而，这些研究总体上还是显得有点欠缺，一是他们比较强调单个要素在产业集群形成中的作用。一些研究强调了区域内的历史文化和传统等因素对集群形成的影响。比如金祥荣、朱希伟（2002）研究浙江产业集群时点出了本地的要素禀赋优势和历史文化因素起了很好的生发作用，但后来在产业集聚以及形成柔性分工的发展过程中认为那是一个种群竞争模型的自然选择与演化的过程。这种种群竞争模型的解释太类似于完全竞争市场环境的解释机制，很难让人信服。王仲智（2007）对浙江产业集群的研究点出了历史因素对产业集群的重要作用，但如何起作用却没有说清楚。他在研究集群的网络结构时也仅仅是解释了集群内部各个主体的运作机理，对于网络结构是如何形成的并未说明。虽然关系网络对突破制度约束获取稀缺的要素发展生产非常重要，但关系网络如果不是与江浙地区的工商业传统和特定的机遇（改革开放）结合很难解释江浙地区产业集群的形成。

　　二是他们是针对特定类型的原发型产业集群进行的研究。比如他们所做的研究基本上都是以江浙一带的集群为案例，对于其他地区的原发型产业集群的研究未必有效。一方面有形成时间早晚的差别，另一方面有地域的差别。

很多同种类型的产业集群，虽然都同属原发型产业集群，但由于形成时间和地域的差别，也存在着各种不同的形成模式，因此他们的研究虽然有益，但并不能概括很多其他地区同类原发型集群的形成模式。

整体上看，这些研究在解释集群形成时，虽然注意到了知识技能的扩散、历史传统文化的影响和社会关系网络的作用，但基本上过于强调单个因素的作用，而割裂了与其他相关因素的联系，从而陷入了较为孤立的分析。本书认为，嵌入性的视角在研究产业集群形成方面还可以不断深入，尤其是对中国乡村的原发型产业集群来说更是如此。尽管有些本土研究做出了比较好的解释，但是中国地域广阔，各个地区由于自然地理环境的差异和风土人情的不同，很多地方都具有相对特殊的地域文化特征，也由此使得各地区人们的生产生活的组织形态存在着很大的不同。虽然产业集群总体特征类似，但也不能说它生发的机理是相同的，更不能说人们在其中采取集体行动所面临的情境便是相同的。各个地区因为政策制度的不同、自然地理的差异、区域文化的分殊、机遇结构的有无、发展时间的早晚等使各地的产业集群呈现出不同的形成机理。一个地域内的产业发展未必会与别的地区相同，基于一个地区的产业集群实践的理论未必能够解释得了另外地区的产业集群。因此，本书选取了合适的案例进一步挖掘中国原发型产业集群的形成机制，以为产业集群的本土研究做出有益的补充。

三、理论视角、核心思路与篇章安排

（一）嵌入性理论视角

"嵌入性"理论是新经济社会学研究中一个核心理论，它是为对抗传统新古典经济学的日益扩张而发展出来的理论。"嵌入性"最早由波兰尼提出，后来马克·格兰诺维特对其做了重新表述，引起了学界的重新重视，在嵌入性理论和实证研究方面做了很多推进。下面，让我们首先了解一下关于"嵌入性"的基本理论，然后在嵌入性理论的基础上提出本书的分析框架。

"嵌入性"概念最早出现在波兰尼于 1944 年出版的《大转型》(*The Great Transformation*) 一书中，并将此概念用于分析经济与社会的研究。波兰尼认为，在工业革命之前的社会里，经济并不是一个单独的领域，而是嵌入在总的社会关系之中的，经济资源和财富的分配从属于社会的政治、宗教、文化等社会关系。互惠、再分配和交换是人类在不同制度环境下的三种经济活动方式。在前工业社会市场中，市场的交换机制尚未占据统治地位，经济生活以互惠和再分配的方式为主。而在工业革命之后的市场经济中，经济活动仅由市场价格来决定，人们在这种市场上按照金钱收益最大化的方式行事，此时的经济是"脱嵌"的，即不再受社会和文化结构的影响（波兰尼，2007）。波兰尼的这一观点将经济视为现代社会中一个独立的领域，因为经济交易不再通过这些交易活动的社会义务或亲缘义务来界定，而是通过个体的理性计算来界定的（甄志宏，2006）。当然，波兰尼后来又修正了他的"脱嵌"观点，认为现代市场经济同样嵌入在社会和文化结构之中。波兰尼关于市场嵌入社会的研究对后世产生了深远的影响，也推动着后来的学者不断反思经济与社会的关系。

虽然"嵌入性"概念是由波兰尼提出，但并未引起人们的足够重视。真正使"嵌入性"概念重新释义并得到进一步研究的则是马克·格兰诺维特。马克·格兰诺维特于 1985 年发表的《经济行动与社会结构——嵌入性问题》一文，将"嵌入性"问题的研究重新表述，成为新经济社会学的核心概念，产生了广泛而深远的影响。马克·格兰诺维特运用"嵌入性"概念对经济学和社会学中"低度社会化"和"过度社会化"两种研究取向进行了批评。在对待经济与社会关系的问题上，经济行为者既不会如古典和新古典经济学家所认为的那样完全按照理性计算、自利最大化原则行事，不受社会结构和关系约束；也不会像一些社会学家认为的那样完全为社会规范、价值体系规约而缺少自主性。这两种研究取向，其实都是一种通过原子化的个人实现决策和行动的观点，社会化不足表现为原子化来源于对自我利益的狭隘功利追求；

过度社会化的主张个人行动产生于个人业已内化的行为模式，持续运作的社会关系仅仅只起到了边缘性的影响。社会化不充分和过度社会化在关于秩序问题的结论上达成一致，都把个人现实的决策和行为与个人当下所处的社会关系割裂开来。相反，人类的行为都是嵌入在具体的、正在进行的社会关系体系之中的。从对经济行为的分析入手，马克·格兰诺维特分析了现实经济制度的嵌入问题，他认为嵌入问题不只存在于前工业社会，在现代社会生活中，嵌入现象始终存在，只是嵌入的程度不同而已（Grannovetter，1985）。

马克·格兰诺维特进一步将嵌入分为两类，即关系性嵌入（relational embeddedness）和结构性嵌入（structural embeddedness）。关系性嵌入是指行动者嵌入其所在的关系网络，并受网络中其他行动者的影响；结构性嵌入是指行动者所在的网络在更宏观的层面上嵌入于社会结构的文化传统、价值规范等因素并受其影响。经济行为在内容和方式上很大程度受到其行为发生的社会环境及其社会结构的影响，特定的经济制度是其社会结构的一个重要组成部分；经济生活中的信任和欺骗嵌入在具体的不断发展变化的社会关系体制之中。一方面，社会关系网络嵌入宏观的社会结构（集体层面），另一方面，社会关系网络为信任和信任行为提供了一个前提条件，或者说信任和信任行为嵌入在社会关系网络之中（个体层面）。马克·格兰诺维特认为，正是这两种嵌入性，使得经济行动者之间产生信任与互动，限制了机会主义行为，从而保证了交易的顺畅进行（Grannovetter M. and Swedberg R.，1992）。

马克·格兰诺维特提出的嵌入性理论虽然给人们研究经济现象指明了一个新的方向，然而他关于嵌入性概念的操作性比较模糊，对具体的实证研究帮助不大（刘世定，2003）。马克·格兰诺维特的学生乌兹（Uzzi）通过女性服装厂的实证研究将嵌入性概念具体操作化，研究了嵌入性与网络结构是如何影响经济行动的。乌兹在研究中发现企业在市场交换中并不单纯追求眼前的经济利益，而在于培育长期的合作关系。企业为了能够生存和发展下去，就需要有一个由既有紧密连结又有市场交易关系的伙伴企业所混合构成的网络保持一种强联结关系，企业之间通过信任和互惠产生长期的合作。乌兹在后来一项关于公司如何获得贷款的研究中，发现具有嵌入关系和市场关系的公司更容易获得贷款资格，带有互惠性合作的老客户往往会以利息偏低的成本获得贷款。他将关系网络区分为嵌入关系和市场关系，公司和银行之间的商业交易嵌入社会依附的程度越深，他们之间的信任和互惠的期望就越有利于交易的进行，嵌入关系和市场关系的混合存在更会追加市场利益。企业要想成功地运作下去，不仅仅需要依赖市场关系，还需要依赖嵌入关系，理想的状态是将市场关系和嵌入关系结合在一起达到平衡状态而形成的"整合的网络"。然而，嵌入性关系太多会导致"嵌入网络过剩"，市场关系太多导致"嵌入网络不足"，这都不利于企业的发展。嵌入关系过多会使企业难以寻找到新的信息，出现一种"锁定"效应，长此下去，企业势必会衰落下去。另外，中国学者的研究也验证了市场上经济体在运作时，嵌入关系与市场关系是杂糅在一起的。比如刘世定研究经济合同时，代理人和委托人签订合同，然而只有合同并不足以保证两者的稳定性和有效性，还需要有较强的人际关系掺杂其中，这样的合同是一种关系合同（刘世定，2003）。周雪光等人研究企业时也认为企业之间的合同不光是市场中的经济关系，还深深嵌入于社会关系与社会制度之中（周雪光等，2003）。

马克·格兰诺维特大大拓宽了波兰尼关于嵌入性的思想，将其运用到更为具体的层面上。如果说波兰尼的嵌入性主要涉及宏观、抽象的社会、经济制度之间的关系，那么马克·格兰诺维特的嵌入性则使其更为贴近人们的现实生活（林竞君，2005），成为社会学分析经济现象的一个重要理论工具。然而，马克·格兰诺维特在嵌入性的讨论中采用的因果分析是一种近因分析。对于何种广泛的历史性的或者宏观结构环境导致了这种体制展示出它们所具有的社会结构的特征，他几乎没有谈论，并认为嵌入性的分析不能用来回答关于现代社会性质或经济、政治变迁的来源之类的大型问题。近因分析的意义在于嵌入性可以在宏观水平与微观水平理论之间找到适当的联系环节，能够对促进变迁加速进行的机制进行更为详尽的分析，有助于考虑更为广泛的问题（Grannovetter，1985）。

（二）分析框架和研究思路

正如马克·格兰诺维特自己所说，他的嵌入性分析中缺少对宏观的政治、历史、制度和权力等因素的考量，而不能分析更为宏观的现象或者一个现象的来源问题。中国原发型产业集群的形成是一个长期的过程，如果采用近因分析只能关注到它的形成期，很难对其前述的发展做出一个较好的解答。国内的一些学者分别从历史因素、技术扩散和社会关系网络等角度进行了研究，给我们提供了良好的分析范例。然而，这些研究只是从某个角度对产业集群的一个阶段进行了解析，忽视了对其他阶段的分析，显得有所欠缺。如果将他们的研究结合在同一个产业集群的整体形成过程中则分析会有更大的效度。要考察产业集群的形成机制，必须从其起源、发展以至最后的形成所有阶段进行分析。因此，本书在研究过程中，不但要采取近因分析，还要关注到它的历史纵深，以及外部环境变迁产生的影响。

本书在已有研究的基础上，从嵌入性视角出发，构建了一个由"历史—技术变迁—社会关系网络构成的重叠机制"，即是在社会关系网络嵌入的基础上，加入历史因素和制度变革的背景因素，既要揭示出产业集群的起源，也要对其所处的结构性环境做出考察，以呈现出一个完成的产业集群形成过程。

产业集群之所以在一个特定地区形成并不是偶然的，而是有着初始条件的，或者是特定的历史事件或者是偶然事件等，借助于初始条件，产业能够在特定地区生根发芽，经过不断的累积效应发展壮大成为主导行业，具有外部经济和比较优势。在主体行业发展到一定程度时，相关的附属行业才在其带动下获得发展，主体行业与附属行业共同联结成集群。那么，我们研究产业集群的形成过程，其实也可以把它看作是三个连续的阶段：第一个阶段是产业集群的萌芽阶段，即研究产业集群中的主体行业是如何落地生根发芽的；第二个阶段是产业的快速成长阶段，研究产业集群中主体行业如何累积优势成为区域内主导行业的；第三个阶段是产业的集群形成阶段，即主体行业是如何带动相关附属行业出现的。

产业集群形成的三个阶段，从其主要表征上来说是有着区别的，每个阶段的发展也必然有着关键的因素在起主导作用。然而，又因为它是一个连续的发展过程，前一个阶段同后一个阶段的发展之间并不是截然分开的，因此前一阶段起作用的关键因素在后一阶段中也不会完全消失，仍然会存续在后一阶段中，每一个阶段的发展中总是掺杂着其他因素与关键因素共同起作用。产业集群发展的各个阶段中，三个因素都互相缠绕重叠在一起，随发展阶段的不同而各个因素起作用的地位也不同，在前一阶段中起主导作用的因素可能在后一阶段成为次要因素，在前一阶段中起次要作用的因素可能在后一阶段中起主导作用，呈现出一个动态的变化。本书所构建的"历史—技术变迁—社会关系网络构成的重叠机制"，在产业集群的萌芽期、主导产业的迅速成长期和产业集群的形成期三个阶段的连续发展过程中，历史、技术变迁和社会关系网络三个变量重叠在一起，每一个阶段的发展都离不开三个变量的作用，而在每一个阶段中这三个变量中又有一个关键变量起到主导作用，其余两个作为辅助变量也起着很重要的作用，这三者缺一不可，共同联结成一个密切勾连在一起的重叠性机制。在产业集群的萌芽期，历史因素作为主导变量，为产业在特定区域内的萌发提供了一种历史意识和兴起基础，技术进步和社会关系网络作为辅助变量为产业的真正成长提供了必要的条件。在产业的迅速成长期，技术进步作为主导变量，为产业在地区内的迅速发展成长壮大以至具备巨大的规模优势和竞争优势起了决定作用，它作为一种刚性因素必须要嵌入于区域内外的各种社会关系网络和产业先前的历史因素中才能发挥出应有的技术优势。在产业集群的形成期，主要涉及区域内部市场网络的构建过程，这关系到区域内的配套产业是如何生发出来的，以及配套产业是如何与主导产业结合成相互分工与协作的关系网络的。社会关系网络作为一种主导变量，为各种生产要素集聚到特定地区起了非常重要的作用，而社会关系网络的形成必然离不开产业发展历史上经济活动者之间的各种联系，配套产业产生和发展所需要的技术也是通过社会关系网络而来的。在每一个发展阶段，三个变量联结成了一个重叠机制，彼此紧密缠绕勾连在一起，不可分离。

（三）篇章安排

本书共分为三个部分，六个章节。

第一部分包括两章。第一章是导论部分，主要包括产业集群的研究背景、问题的提出、概念界定及其认定，以往中西方对产业集群形成机制的相关文献综述，分析框架、本书的研究方法和资料收集究过程；第二章是对 M 镇基本情况的介绍，重点介绍 M 镇纺织产业集群的情况。

第二部分是本书的主体部分，也是本书展开的经验分析部分。第三章介绍了历史因素是如何影响织布业的起步的；第四章介绍了技术转移如何使 M 镇织布业迅速成长，取得规模优势和竞争优势的；第五章介绍了在配套行业衍生及其与织布业构成专业化分工网络的过程中社会关系网络是如何起作用的。

第四部分是结论部分。第六章对前文提出的问题进行了回应，并提出了本书的创新点。

四、研究方法与研究过程

（一）个案研究法

案例研究是遵循一套预先设定的程序、步骤，对某一经验性、实证性课题进行研究的方式，它涵盖了设计的逻辑、资料收集技术，以及具体的资料分析手段，是一种全面的、综合性的研究思路[1]。一般来讲，选择某种研究方法必须要考虑三个条件：第一个是该研究所要回答的问题的类型是什么；第二个是研究者对研究对象及事件的控制程度如何；第三个是研究的重心是当前发生的事，或者是过去发生的事（罗伯特·K.殷，2004）。按这三个条件，案例研究方法最适合的情况是，"研究的问题类型是'怎么样'和'为什么'，研究对象是目前正在发生的事件，研究者对于当前正在发生的事件不能控制或极少能控制"（罗伯特·K.殷，2004）。本书主要研究的是产业集群的形

[1] 本定义依据罗伯特·K.殷对案例研究的特征做出的界定而提出。

成机制问题，是一个解释性的问题，即"怎么样"和"为什么"的问题。产业集群的形成是一个过程，要研究这个问题必须要按时间顺序追溯相互关联的各种事件，找出它们之间的相互联系，进行合理的解释。同时，产业集群的形成是发生在当代的一个问题，对于这个过程，显然是无法控制的。案例研究分为个案研究法和多案例研究法。本书主要采用个案研究法。

案例研究法的优点是资料来源渠道更多、更广泛。研究者可以综合使用观察、访谈、文献、视听资料（克雷斯威尔，2007）等多种渠道来收集资料收集，从而使得资料更生动、更详实丰富。研究者通过直接深入观察，能够拿到第一手资料，可以对现场有一个直观的认识，可以就观察到的一些不寻常的现象向被访者直接询问；通过深度访谈，可以让被访者提供某些历史性信息，还原整个事件的真实过程，还可以向被访者调取一些文件资料等；搜集有关事件过程的一些文献资料，可以对其前因后果有一个大致的了解；视听资料包括一些新闻图片以及相关的录像带和艺术品等。总之，案例研究法可以使研究者原汁原味地保留现实生活有意义的特征，对于事件发生的整个过程进行真实还原，能够帮助人们全面了解复杂的社会现象。

（二）研究过程与资料的获取

探究中国原发型产业集群的形成，泛泛的理论分析没有多大意义，需要结合合适的案例来进行具体的经验研究才能找出各地的殊异性。笔者家乡的纺织业盛行，几十年间迅速发展，规模优势和竞争优势非常巨大，具有了产业集群的特征。按其成长轨迹来看，属于原发型的产业集群，是在缺少资源禀赋、资本和技术优势的情况下发展起来的。因此，笔者就以家乡——M镇的纺织产业集群作为案例来进行研究，本书的经验资料也主要来自于此，获取资料的主要手段是文献资料收集、实地观察和深度访谈。

笔者对M镇地区纺织业的发展一直在关注着。在笔者小的时候，就发现周围有很多人从事与纺织有关的职业，他们谈论的也是与纺织有关的话题。慢慢地，在村里和镇上也发现了越来越多的纺织厂，走到附近就能听到机器织布的声音，进入厂房看看，也是一排排的高大机器和上面缠裹着的纱线和布匹，笔者对此感到非常惊奇。读初中的时候，很多同学辍学进入了纺织厂工作，赚起了工资，以至很多家长互相聊天时都会谈起"自己孩子每个月赚多少钱"的事情，脸上洋溢着某种自豪，甚至拿赚钱和上学来做比较，这让笔者心里多少有些异样。再后来就是外出读书，每每回家，在大街上听别人谈话，也能经常听到"今年织布行情不好，赚钱难，人们的消费都减了不少"等话题，笔者也很关心家乡的发展，有时候也会出言询问一些相关事情。通过对很多事情的观察，笔者发现 M 镇地区的纺织业是与本地人们的生活紧密缠结在一起的，本地人们的生活离不开纺织业，纺织业也未曾须臾离开过本地人们。

具体开展的调查和收集资料过程是：2012 年 6 月，研究主题选定之后，我并没有着急着先去调查，而是先进行了一个前期的了解。我先打电话咨询了老家本村几个纺织厂主，就他们所知大体了解整个 M 镇纺织业的发展情况，了解它的前期、中期和后期以及他们对于本地纺织业的看法，从中确定该从哪个方向开始进行调查，从哪里获取材料，等等。

接下来，是在学校里搜集材料。我尽最大可能从图书馆、互联网以及 CNKI 数据库找关于民国时期潍县一带的纺织业织造历史材料、著作、地方政府关于潍坊本地纺织产业的报告、国家及地方有关纺织业的政策文件等；搜集了其他研究者关于浙江、广东、江苏等地产业集群的研究著作和论文等资料。

2012 年 7 月中旬—9 月中旬，回家乡搜集材料。我先去了潍坊市寒亭区档案馆调取了民国《潍县志稿》和《寒亭区志》[1]，去潍坊市坊子区经信局调取了《坊子区志》，去中小企业局调取了眉村纺织业的部分统计资料；由同学介绍访谈了 M 镇前镇长汤明[2]，并经他引荐访谈了 J 街办分管经济的安监主任黄代云，访谈了 M 镇以前的经委主任李某寿，通过对镇政府干部的访谈，了解到了 M 镇纺织业发展的基本情况以及政府与纺织业之间的关系，拿取了部分统计资料，同时也了解到了乡镇干部对 M 镇纺织业兴起及发展的一

---

[1] 民国时潍县政府驻地在寒亭，M 镇当时也隶属于寒亭管辖，因此有关民国时潍县的资料和 M 镇的资料都需从寒亭档案馆中取得，关于 M 镇的历史沿革后面有详细介绍。

[2] 本书行文中所涉及的调查对象的姓名均为化名。

些看法。在熟人的带领下，访谈了十几个纺织业主，以及配件、浆纱等相关附属行业的业主，了解他们是如何运作以及开展生产的，同时，在他们的带领下，到车间现场观看了工人劳作。通过别人介绍和自己认识，对一些工人也进行了访谈，了解了他们的相关情况。

2013 年春节，在家乡继续搜集材料。随着调研的开展和研究的深入，还有一些不明白的细节性问题，趁着春节期间大家歇工又对一些纺织业主和工人进行了访谈，请他们讲述了企业在生产和交易等运作过程中的关键资源和约束条件，以及他们在经营过程中所用到的各种关系网络。

2013 年 8 月，在家乡继续搜集材料。由于地方史志对 M 镇纺织业在民国后期和新中国成立初期的情况记述较为简略，有很多细节性问题不甚明白，因此还要求助于一些年纪比较大的有关相关从业经历的人。我找了一些七八十岁的老人，请他们详细讲述了新中国成立初期和计划经济时期 M 镇纺织业的发展情况。

在资料获取过程中，笔者也面临了一些困难。首先，数据统计资料的缺失。一是地方政府和乡镇政府对于规模以下小企业通常不予统计，而只选择统计规模以上的企业。通常在县域以下的产业集群中，很多企业都是属于家庭作坊式的小企业，通常规模都很小，层次参差不齐，难以统计或者由于别的原因没有进行统计，这就造成部分数据资料的缺失，这一点对 M 镇纺织产业集群来说也不例外。二是在较长时期的历史发展过程中，某些时段由于缺少资料记述而只能求助于对当地历史比较熟悉的老人，因年代久远问题，这可能还面临着知情人过世的情况。

其次，对于访谈中得到的某些历史资料，不同的知情人可能对同一事实的描述存在着不同程度的偏误和混淆。

因此，对于一些缺失的数据统计资料，尽可能找了解情况的政府工作人员和从事过较长时间纺织加工的业主推算出一个大概值。对于历史资料的缺失和知情人对事件可能的混淆，笔者尽可能对照相关的历史材料和找多个访谈对象对材料加以扩充和辨别真伪。

第二章　M 镇纺织产业的基本情况

一、关于 M 镇的介绍

（一）M 镇的区位和交通

M 镇是山东省潍坊市坊子区东北部的一个乡镇，由于行政区划原因，于 2007 年与原穆镇合并为坊子区 J 街道。M 镇地形西高东低，西部为丘陵地带，东部为潍河冲积平原，位于潍坊市区东 309 国道 24 千米处，地处寒亭、坊子和昌邑三个区县的交界处。M 镇的交通状况相对发达，北边紧邻的 309 国道，以及 20 世纪 90 年代以来相继通车的济青高速和潍莱高速横贯东西；境内有眉南路、坊央路纵贯南北；向西顺 309 国道一个小时的车程到达潍坊，向东三四个小时的车程到达青岛。从 M 镇的这个交通区位看还是比较优越的。然而，M 镇位于这个地方，并不紧邻城市和县区，对于一个小镇来说，很难远距离地受到城市经济的辐射，经济区位并不优越。

由于 M 镇处于三地交界地带，因此 M 镇在新中国成立以来行政隶属和行政管辖上历经多次划分。虽然 M 镇与周边乡镇又出现行政区划变更，但由于纺织业很少扩散到新划分进来的行政村内，所以本书主要讨论位于原来的 24 个行政村范围内的 M 镇纺织业。

（二）M 镇的经济情况

M 镇随着历次行政区划的变更，辖区总面积也几经增多。2000 年来，M

镇东西最大横距 9.8 千米，南北最大纵距 8 千米，总面积 45 平方千米，辖 34 个行政村，常住人口 3.2 万人，暂住人口 1.5 万人，耕地面积 3.3 万亩（22 平方千米）。农业发展方面，辖区内农业条件优越，土地肥沃，水资源充足，种植各种粮食作物和经济作物，近年来受国内外市场需求影响，农业结构调整显著，粮食作物与经济作物比例达到 4 ∶ 6。8000 亩（约 5.33 平方千米）无公害大姜生产基地及产品通过省级认定，大姜、草莓、土豆等高效经济作物占种植业收入的 80%。在副产品养殖加工方面，M 镇也形成了以肉鸡、肉兔、肉牛、生猪、鹦鹉为重点的养殖业，在外地大企业的带动下形成"龙头企业带基地，基地连千家万户"的农业产业格局。

工业发展方面，M 镇的工业主要分为两部分，一部分是依托自然资源形成的矿产工业。由于辖区内西部丘陵地带蕴藏有丰富的膨润土、沸石、珍珠岩等矿产资源，总量达 1.2 亿立方米，储量大，品位高，从 20 世纪 60 年代以来 M 镇部分乡村就依托这些矿产资源，以集体性质开始进行挖掘开采、磨粉等初加工，后期随着所有制的变更，矿产资源被一些企业主承包买断，从外部引进先进技术开始进行深加工，拥有相关加工企业 24 处，年加工能力 50 万吨，产品远销 20 多个国家和地区，成为国内较大的膨润土生产加工基地，与国家地矿部地质研究所、北京清华大学、山东工业大学等联合研制开发的止水胶条、压敏陶瓷、高频滤波器等高科技产品，分别填补了省内、国内空白、荣获国家科技进步奖[1]。另一部分是以生产制造为主的轻工业。M 镇历史上就以纺织较为闻名，纺织传统虽经过新中国成立后的一些波折，但是一直没有割断，改革开放后，以社队企业为源头逐渐发展起了棉纺织工业和其相关产业拉丝塑编业，以及衍生出来的机器配件铸造业，部分乡村还经营竹器编制和风筝加工业。

总之，M 镇的工业改革开放以来发展较为迅速，门类众多，分工也愈加精细，从业人员也逐步增多。据资料显示，1989 年时，全镇共有乡办工业企

[1] M 镇，百度百科，http://baike.baidu.com/view/1257009.htm.

业 7 处，职工 473 人；村及村以下工业企业 95 处，职工 2702 人，生产的主要工业产品有布匹、膨润土、沸石、帆布、砖、玻璃制品、竹器、条柳编织品等。全年完成工农业总产值 5471 万元，其中农业产值 1530 万元 [1]。如今，M 镇已经形成了以纺织、塑编、铸造和膨润土加工为四大支柱的门类比较齐全的工业体系，民营企业发展到 1700 多家，限额以上企业 35 家，从业人员 2 万余人，全镇经济稳步上升。2000 年，全镇实现农村经济总收入 12 亿元，镇内财政收入 1009 万元，人均收入 3558 元 [2]。2005 年，全镇实现工业销售收入 26.8 亿元，利税 2.8 亿元，财政总收入 2780 万元，人均纯收入 5460 元。M 镇因较为出色的工业经济，先后于 2000 年被评为潍坊市私营企业十强乡镇和 2004 年被国家六部委确定为"全国重点镇"。

纺织产业作为 M 镇四大支柱产业之一，2003 年左右最为兴旺，发展到织布厂不论规模大小近千家，织布机 20000 台，2004 年受市场影响经历过一段时间的波动，之后逐步稳定下来，许多小型家庭作坊式企业被市场淘汰，只存留下了能够抵御市场风险的较大型的织布厂。2011 年时全镇有较大规模的纺织企业 438 家，从业人员 13000 余人，年产值约 25 亿元左右，年缴税金 1600 万元，年纳税过 20 万元的 12 家。

二、M 镇纺织产业的总体情况

M 镇纺织业历史悠久，在民国时期就已经成为远近闻名的纺织之乡，后来历经抗战和内战时期，慢慢衰落下去，新中国成立后又经历过合作化运动，使得整个纺织业在 M 镇完全消失。20 世纪 70 年代初，M 镇社队企业又零星地办起了一些织布加工厂，使得 M 镇纺织业得以复兴，同时也是现代纺织业在 M 镇的开始，到 90 年代中后期民营、个体企业获得大发展，纺织业在 M 镇也成为一个主导产业，获得了巨大的规模优势和竞争优势。大约在 2000 年

---

[1] 《坊子区志》，第一卷第三类第三辑，山东省情网。

[2] M 镇，百度百科，http://baike.baidu.com/view/1257009.htm.

左右，随着纺织产业的发展，相关配套产业也逐渐衍生出来，主导产业和配套产业形成紧密互动和分工协作的地域分工网络结构，M镇发展成为一个纺织业的专业化产业区。

我们要研究产业集群的形成过程，必然要选择一个产业集群作为研究案例。本书选取M镇纺织产业作为研究案例，是认为它已经成为一个集群经济了。之所以认为M镇纺织产业是一个集群经济，主要在于它有如下几个特征：

（一）集群的规模优势和竞争优势

M镇纺织业经过数十年的发展历程，逐渐获得了巨大的规模优势和竞争优势。从整个行业发展来看，M镇24个行政村的区域共拥有大小纺织企业300多家[1]，织布机总量7000台，年消耗棉纱有3万吨，宽幅坯布年产约15亿米，产值约有120亿元，每天平均外运坯布40卡车，其中国内份额占60%，外贸为40%[2]。由于M镇纺织业只专注于织布这一环节，而且其产品也只是初加工的坯布，属于中间产品，并不是最终投放市场的终端产品，行业内部名气比较大。M镇纺织业的产品是宽幅坯布，是全国仅有的几个大型宽幅布生产基地之一，其生产规模巨大，也具有极大的竞争优势，号称"江北第一宽幅布市场"，与南通并列。由于外地布商往来频繁，M镇纺织业生产的产品在他们的活动能力之下，全部销往外地。据业内人士介绍，M镇纺织业的产品销售范围广泛，在全国各个地区都有M镇纺织业的产品，布匹商人从M镇购买产品经过加工之后销往全国各地的纺织品市场，并经常能够将产品出口到日韩、东南亚和非洲等其他国家和地区。

---

[1]　本书中涉及的企业和织布机数目在不同章节可能会有变动，这是受整个纺织市场变化和技术设备更新影响的。小户为大户兼并，设备更新换代，从数字上就表现为企业数目减少，织布机数量变少，然而，实质上看，M镇纺织业结构优化了。这种现象在2005年之后比较明显，尤其是最近几年，这种趋势明显加快。此处用的是2010年之后的数字。

[2]　数据是笔者经过采访多个纺织业主之后大体估算的。

（二）完整的产业体系

M 镇纺织业经过数十年的发展，在横向和纵向不断拓展和延伸，相关的产业和市场逐渐发展起来，集群生产的产品由原来的给国企代工，发展到专门用于床品市场需求的宽幅布等纺织品。由于与印染名城昌邑和具有极大影响力的潍坊轻纺城同属一个圈子，因此印染和销售环节与这两个地方联系紧密，M 镇纺织产业集群大多数企业基本上只集中在与织布这一环节相关的部分，在原材料、劳动力、技术设备、物流等配套体系方面也发展比较完备。M 镇的纺织产业集群是一个完整的产业体系，整个体系紧紧围绕着纺织这一中心环节，而且其余的环节也都是在纺织这一环节发展到一定阶段之后慢慢成熟起来的。正是纵向的产业链和横向的相关辅助机构形成的完整产业体系，是产业集群最为重要的特征，也是产业集群形成竞争优势的关键所在，正是因为有了这个体系，M 镇的纺织业才形成巨大的竞争优势。

M 镇纺织产业集群作为一个完整的产业体系，内部存着比较紧密的网络结构，即纵横交错的垂直联系和水平联系组成的巨大的网络结构。M 镇纺织产业集群的垂直联系即是指纺织业的产业链，是存在于纺织这一链条的上下游企业之间的分工联系，外部的棉花购买、纺纱、浆纱、织布等环节都有数量不少的企业参与分工，中间产品则过渡到下一环节，到了初步成品即布匹出来之后，就有专门的商人来购买转运到昌邑进行印染，再运往全国各地进行销售。这里已经形成了一个无形的交易市场，很多环节都可以在本地进行直接交易，从事中间产品的企业只管自己如何生产，无须考虑原料的输入和产品的输出，这就极大地减少了交易成本和时间，提高了效率。

在水平联系上，从事某一生产环节的企业之间逐渐形成了互相协作和交流上的联系。M 镇纺织业的纺纱、浆纱、织布等环节都是本地一些非常重要的环节，每个环节都有一定数量的企业，由于相同环节之间的企业可能具有共同需要的价格、技术以及市场等信息，逐渐形成了具有相互联系的小圈子，比如在织布这一环节上，企业主会经常就一些棉纱供给量、坯布的市场价格、销售渠道等问题进行交流，有些时候一些企业主拿到订单，在期限内自身难以完成，会分给联系较为紧密的企业进行合作，共同完成订单。

一般来讲，乡村社会关系比较复杂，无论就业、经商、借贷还是日常的人情往来都是跟个人社会关系和家族社会关系紧密联系在一起的。M镇的产业网络结构，不管是垂直的联系还是水平的联系，都是以先在的社会关系作为支撑，否则建立信任的成本较大，不利于合作。M镇纺织业每个环节上企业数量不一，产业链上上游的企业要供给下游企业原料进行加工生产，形成的状况便是上游企业数量相对较少，下游企业数量较多，形成了一种少供给多生产的局面，因此垂直联系上企业之间的关系多为较为纯粹的商业关系。水平联系上由于涉及重要信息、利益等需要共享的东西，因此更多为一种社会关系基础上的商业关系。

集群中的企业纵向和横向联系紧密、分工合作，经营者足不出户就可通过电话联系将原料运进、成品卖出，这极大地便利了集群内企业的经营，减少了运营成本，集群的优势不仅有利于企业的增多和集群的不断壮大，同时也有利于信息的传播和收集，将市场风险规避到最低程度。

（三）中小企业为主体的产业集群

产业集群获得巨大的规模优势和竞争优势离不开内部企业的生产经营活动，因此，企业才是集群内部的重要主体。同一些高新技术产业集群不同，M镇产业集群内部的企业多是一些资金少、技术设备落后、组织结构简单的中小型企业，甚至是一些家庭作坊。由于M镇纺织业已经形成了一个无形的交易市场，身处整个市场之中，经营者只要有一定的资本能够购买到相关的机器设备和原材料，组织工人进行生产，生产出来的坯布等待客户上门购买。生产经营过程如此简单，就使得很多人很容易介入这个生产环节，因此涌现出的企业规模大小不一，随市场波动上下沉浮。企业规模差距甚大，最大企业规模织布机台数能有 500 台，运营资本 5000 万，最小的仅有 4 台，运营资本几十万。随着原材料成本上升、劳动力价格上涨和运营资本的加大，拥有4 台织布机的家庭作坊在市场上已经难以立足了，现在最小规模的企业都是 8台织布机。总体来说，M 镇纺织业中有 80% 的企业都是在 50 台织布机以下，其余 20% 则是 80 台、100 台、200 台不等，能上 200 台织布机的企业仅有寥寥数家。

据 2009 年 M 镇政府统计，大约有 492 家织布企业，其余还有大量的没有注册也没有统计的家庭式作坊。这些企业绝大多数都是直接参与市场竞争，织"市场布"，仅有十几家企业织一些"合同布"，其中有的规模比较大、渠道较多的企业能够拿到一些国外订单，直接与国外客户合作。这些企业在全镇各村皆有分布，但主要还是集中在国防路和眉南路沿线的眉村、驸马营、邓村、罗都屯和王家庄等村庄，其余村数量较少。自纺织业逐渐兴盛以来，全镇就有很多劳动力参与纺织业生产经营活动，后期随着企业数量不断增多，急需大量劳动用工，在本地工人数量不够的情况下，从外地进来许多原来从事纺织业的工人填补用工缺口。2003 年左右，在纺织业规模最大的时候，与纺织业有关的劳动力大约有 3 万余人，其中外来劳动力就能占到大约 50%。

三、M 镇纺织产业的区位分布

纺织业在潍坊是一个传统和支柱产业，在全市经济中占有重要的地位。改革开放以来，潍坊市经过企业改制、结构调整、招商引资和市场开拓等措施，促进了全市纺织业的迅速发展，已经打造出了一条完整的产业链条，具有较大的产业规模，已经形成化纤、棉纺织、印染、针复制、毛纺织、麻纺织、服装及纺织机械等门类齐全的重要的纺织工业基地。潍坊市一小时交通圈内都是纺织发达地区，国际级港口、机场、济青高速和胶济铁路构成强大的交通网络，直达全国各地。作为北方地区最主要的纺织品产销基地，潍坊拥有成熟的纺织品批发市场，产销网络辐射全国，与浙江柯桥的轻纺城、广州的

中大轻纺城成为中国的三大纺织品产销中心。已落成的潍坊星河国际轻纺城取代老的轻纺城成为全国最大的纺织品交易市场之一，目前，轻纺城产品已经辐射全国，年交易量达到 100 多亿元，吸引了孚日集团、齐荣纺织、艺达家纺、滨州愉悦集团、龙凤祥、百丽丝、杉杉家纺、红富士家纺等众多品牌的入驻。

潍坊境内被中国纺织工业协会评为"印染名城"的昌邑市，是潍坊市三大产业集群之一。昌邑市东与烟台地区莱州市、青岛地区平度市毗邻，西与潍坊市相接，属于"青岛一小时经济圈"和"潍坊市半小时经济圈"，地理和经济区位良好，交通便利。昌邑市是历史上著名的丝绸之乡，从 20 世纪 70 年代创办村办企业开始，经过几十年的发展，形成了缫丝、丝绸织造、纺织、服装加工等多门类、多产业齐头并进、全面发展的"大纺织"工业格局，昌邑成为长江以北最重要的纺织基地，与南通市并列成为江北最大的宽幅布印染基地。到 2004 年，昌邑市共有纺织企业 2000 余家，纺纱能力达到 150 万锭，织造能力 20 亿米，染色、印花能力 20 亿米。印染布产量能够占到全国总产量的 5.7%，产品内销市场覆盖率达到 6.5%，产品出口在全国同类产品中占到 4.5%（刘洪根，2004）。在纺织品市场设置方面，昌邑市也于 2009 年建成了中国（柳疃）棉纺城，是一个集家纺、布匹、丝绸、纺织配件、物流等于一体的原材料采购和产品销售的平台，为国内外客商提供了方便。

M 镇纺织区和昌邑纺织区都隶属于潍坊纺织区内，是潍坊纺织业的重要组成部分。M 镇纺织区与昌邑纺织区邻近，两者由于业务往来基本上能够联系到一起，合为一个大型的纺织区。眉村纺织业虽说各个生产环节比较齐全，但限于本地的地域条件和地理位置，还有几个环节仍然需要与外地其他地区合作进行。最明显的就是印染这一环节，本地地处内陆，受环境政策影响，不能发展印染业，只能是织布企业生产出坯布来之后，等待外地布商上门收购，由布商将这些原坯布运到某地进行印染之后再投放市场。后期，随着 M 镇地区宽幅布生产市场的崛起，外地布商将昌邑地区发达的印染业发展成为 M 镇宽幅布的下游初加工环节。外地布商长期驻扎昌邑地区和潍坊轻纺城，与 M

镇本地企业逐渐建立了长期联系和买卖合约，这样 M 镇纺织业就在布商的中间串联下，与昌邑的印染基地和潍坊的销售市场连为一体，共同成为一个大型的纺织产业集群。由于昌邑印染基地强大的印染能力和布匹商人广泛的销售网络，M 镇织布企业不用担心产品的售卖，将精力集中于生产环节，源源不断地供给布匹，企业数量越来越多，产量也越来越大，逐渐成为远近闻名的纺织乡镇和生产基地。

第三章　M 镇织布业的复兴：历史意识与选择偏好（1970—1995 年）

本章主要探讨 M 镇的纺织业历史是如何影响了 20 世纪 70 年代初—90 年代中期 M 镇纺织业复兴的。

早期社会学家如卡尔·马克思、托克维尔和马克斯·韦伯等在分析资本主义兴起时的问题时，都会采取跨历史的方法重点关注早期历史资料对后来社会结构和社会变迁的影响。对历史因素的考量有助于对当前社会现象的研究，从某种意义上说，社会现象在本质上是历史过程中社会互动的结果。社会的发展并不是遵从于一个统一的模式，而是具有限制性和开放性的，各种群体或组织在日常实践中所选择的，都受制于过去的诸多路径，可能继续沿着过去的路径走下去，也可能会由于某些事件的影响而出现非预期性结果。要考察后期社会结构以及变迁模式是否受先前的历史事件的影响，就必须对整个历史事件进行考察，找出其内在的"机制"和存在的因果联系。

经济现象是嵌入于社会结构之中的，对某些经济现象的透彻理解离不开对历史因素的考察，同样的，对经济组织的产生和变迁的理解也需要考察某些历史因素。经济学家和经济社会学家在试图发现各种产业、市场、特定技术的社会起源，或者地区和全国层次的经济结构时，比较注意"锁入的"和历史的因素，考察这些因素对这些组织形成过程中的影响，以及这些影响是如何在组织中被制度化的（莫洛·F.纪廉，南德尔·柯林斯，保拉·英格兰，马歇尔·迈耶，2006）。

产业集群的形成是一个历史过程，研究它的起源需要把它放在一个较大的历史背景中，考察历史因素对它所形成的影响，以及这些影响在其中是如何促使人们开展行动的。很多产业区的长盛不衰都是基于历史因素的传承与积累，给区域经济的后续发展集聚了更多的要素条件，而这本身就是比其他同类产业区具有优势的先决条件。从很多产业区的源头来看，产业的历史传统会让区域内的人们形成一种历史意识，影响人们的选择偏好，从而影响到人们的就业选择。因此，我们可以说，区域内先前的产业历史传统就是一个地区产业集群的初始制度诱因。区域内的产业传统不但会形成某个行业的特殊工艺，还将会对人们的思维习惯和生活方式产生影响，使人们在以后的创业选择和如何组织生产的经济活动中形成一种"路径依赖"，出现不同程度的"锁定"效应。

因此，考察区域内的历史传统对于弄清产业集群的萌芽具有非常重要的意义。历史传统是产业发展的历史对后世产业遗留下的影响，但跟严格的历史事实并非完全一致，因为历史是各种事实错综复杂交织在一起的，传统因素必定深含于其中。正如马克斯·韦伯在论述宗教伦理时采用的做法，"所能做到的仅止于，用一种人为编排而令其前后一贯的方式，也就是用历史真实里难以得见的一种'理想型'，来把这些宗教思想表达出来"，"关于历史现象的本质是什么，要由其对于其他历史过程产生影响一事，来追问具有因果意义的是什么的问题，即找出其中的历史因果"（马克斯·韦伯，2007：77）。本章着重阐述 M 镇[1] 纺织产业的历史传统给予当地人们关于纺织业的历史意识和影响人们创业的选择偏好，这是起主导作用的变量。在考察历史传统时，其中涉及的社会关系网络和技术的变迁也是重要的考察变量，这三者紧密缠结在一起，共同作用于 20 世纪 70—90 年代纺织业的复兴。在

---

[1]　M 镇隶属潍坊（潍县，在历史上是今潍坊市的一部分，很多记载当时的史料都以潍县来指称这个地区），M 镇的纺织业在近代的发展历史，有很大一段跟潍县的纺织发展史是联系在一起的，因此讲述 M 镇纺织业的发展历史，就不可避免地要涉及潍县的一些纺织史料，两者有千丝万缕的联系，不能截然分开，因此在行文中，本书把 M 镇纺织业的发展贯穿在潍县纺织业的历史中，以便较好地定位并以其为背景性依托。

具体分析中，本章将M镇纺织产业的历史传统主要分为家庭纺织业传统、关于织布业的集体记忆和潜在的产业社会关系网络三个维度，考察20世纪70—90年代M镇人在乡村工业化中是如何利用产业历史因素来做出行业选择，即选择了发展纺织业；利用潜在的产业社会关系网络解决了发展纺织业所需要的各种生产要素；家庭工业传统也影响了人们在发展纺织业中主要以家庭作坊形态的中小企业为生产组织形式。

一、M镇地区悠久的家庭纺织业传统

本节考察M镇地区家庭织布业的传统，主要是从M镇历史上家庭织布业的发展痕迹中来寻找，看M镇地区历史上家庭织布业是如何的，以及对后来M镇织布业的发展形成了什么影响。

作为潍坊地区纺织业的发祥地，M镇地区的家庭纺织业传统历史悠久。大约在唐宋时期，这里的家庭手工纺织业就有了相当程度的发展。历朝历代的人们对棉麻蚕桑的种植都较为重视，丝帛的制作工艺也都较为发达，也有着"贫家绩麻纺线，裕家借机而织"的观念。明清之际，山东地区棉花的普遍种植，使得棉花逐渐取代丝麻成为人们衣服的主要原料，潍坊地区人们的家庭麻织业逐渐转向了棉织业，也由此棉织业逐渐成为M镇地区的重要家庭手工业。

在古代，农村地区一般都有着家庭内部的分工，即男人种田、女人织布，实行性别分工劳作，满足家庭内部基本的吃穿用度。这种"男耕女织"的传统在M镇地区也保留得相当好，甚至有着"衣衾之供，悉自妇姬"的传统，潍坊有关史料记载"昔之妇女，皆手自纺线，以供缝织"，又"乡民衣衾，悉赖自给，农妇从业，终年操持"（潍坊市纺织工业公司史志组，1989：166），这也说明了自古以来妇女在本地家庭纺织业中担当着重要的角色。这种家庭纺织业的出现主要是由于封建时代商品化的程度低，或者由于集市上布匹比较稀缺，或者基于农人的自给自足的生存逻辑，一般情况下很多家庭都有着纺线织布供给家用的习惯。尽管如此，由于经济条件的差距，并不是每家每户都有织布机，很多人家还是租借别家的织布机来使用的。

旧时家庭纺织业所使用的纺车和织机全是木质结构的，都能由当地的工匠制造，纺车和织机全是人力操作，比较适合家庭内部的小型劳作。清末时M镇地区人们使用的纺车仍然是沿用自元末明初纺织业革新来的手摇单锭纺车，这种纺车不但纺出来的纱支粗细不均，而且效率不高，因此妇女需要劳作多日才能纺成足够的线上机而织（潍坊市纺织工业公司史志组，1989：7）。织布所用织机也是一种旧式的原始织机，机件由坚硬木料制成，构造笨重，操作繁琐，两足上下交替蹬动，两手左右交替撩梭和卡紧，织布费时耗力，劳动强度大却产量极低。这种效率极低的纺织设备需要妇女终年操持，但由于过程的辛苦和效率的低下，仍然难以满足全家人的需要，男人们在耕作之余也参与其中，协作织布。

M镇地区的这种"男耕女织"的家庭内部分工随着织机设备的改进而有了改变。先前的织机费时耗力，难以满足人们对产量的需要，一种新型的织布机——手拉梭织布机的出现，大幅提高了织布的效率，工效不但提高了两倍多，而且还大大减轻了体力的消耗。这种手拉梭织布机的操作要求加快脚蹬的速度，这就使得小脚的女子再也不能胜任织布的工作，转而要求体力更为充沛的男子接任织布的职能。况且由于男子不善于纺纱，织布的责任自然而然就落到男子的身上。织布机的改进，使得织布的效率提高了，人们在满足家计需要的同时，还能拿出多余的土布到集市售卖。织布效率的提高，使得织布日产量猛增，产量的增加推动了"土布"的商品化程度，M镇地区的家庭手工纺织业开始由自给自足的自然经济向商品经济过渡。土布的商品化使得人们逐渐将织布视为一种生业，许多家庭在耕种土地的时候也将较多的精力转向织布，于是M镇地区一些织布专业户出现了。此时，M镇地区家庭纺织业也就从最早的"男耕女织"经由"女子纺纱、女子织布"向"女纺男织"和"男子从织，女子卖布"的分工过渡。

尽管手拉梭织布机效率很高，但由于其价格还不能为一般家庭所承受，因此很多家庭的织业还是停留在先前的织机水平上。总体来说，M镇地区的家庭手工纺织业已经分化出了一些织布专业户，也说明了当时整个地区家庭手工业的发达程度。M 镇地区的家庭纺织业在当时仅仅是农业自然经济的补充，只是作为一种农家副业来对待，是家庭增加收入的手段之一，并不是专门的弃农从织，只是在劳作之余才去织布。从整个地区行业的分工来看，纺纱和织布环节也没有严格地分开，尽管一些织布专业户的出现使得织布相对专业了，但也谈不上本地纺织业的分工和专业化的程度有多高。纺纱织布所取得的收入一般高于普通种田人，不管行情好坏也基本不会出现倒闭亏损的情况，这种农织兼业的家计模式对当时 M 镇地区的家庭来说非常普遍，也契合了当时人们的生存环境。

随着棉布商品化经济的发展，M 镇的家庭纺织业获得了进一步的发展。由于外国棉纱的大量输入和民族资本纱厂的开设，使得国内机制棉纱大量充斥市场，相比之下，家庭手纺业生产的纱线不但生产效率低下，而且与机制棉纱相比也显得质量较差、成本较高，因此在纺织业的发展中几近被淘汰，这就使得家庭纺织业内部出现了分化，纺纱从家庭内部独立出去，织布成为家庭内部的主要分工环节。民国初期，M 镇织布专业户引进的外国新式铁轮机不但促进了织布生产效率的大大提高，而且所生产的棉布能够与外国进口的洋布质量相媲美，可以在国内市场上与其一较高下。受当时国内爱国情怀的感染，M 镇织布业使用新式织机生产的这种棉布被称为"爱国布"，销量大增，利润非常可观，据记载，"一农民手工织布三个月收入可买一头耕牛，能使农民脱贫"。织布获利如此丰厚，就使得 M 镇的新式家庭织布业在一些织布专业户的示范和带动下迅速扩散开来，"眉村有居民 300 余户，铁轮机250 余台，几乎每户拥有 1 台。每织机日织布能力为 1 匹布，每织 5 匹布可得 1 匹布的纯利润，利益所驱，全村'妇孺咸从事于此'"[1]，新式家庭织布业不仅在 M 镇地区得到迅速扩散，而且不久便蔓延到潍县全境。

到 1930 年左右，这场因 M 镇地区的家庭织布业改革而兴起的新式织布

---

[1]　南满洲铁路株式会社北支经济调查所. 北支农村概况调查报告（三）——潍县第一区高家楼村 [M]. 大连，1940：91.

风潮很快席卷了潍县全境，形成了一个以眉村、穆村为中心的潍河两岸，南起丈岭、峏山，北到宋庄、寒亭、固堤（包括昌邑县200多个村庄），包括西边的潍县的五、六、七、八、九区以及邻近的安丘、昌乐、寿光等县的村落，织布业盛行，到处都是"家家纺车转，户户机杼声"。织户集中，织布业氛围浓厚，村里人人都有弃农就织之势。在织布中心区的 M 镇，农忙季节，壮年男子白天农作，晚上从事织布，织布业很快由家庭副业"一变而为正业，反视农业为副业"[1]。大约在 1934 年前后，潍县纺织业达到了鼎盛时期，号称"十万大机"。据不完全统计，全国织布机号称百万架，潍县东乡、昌邑、安丘一带便拥有十万架，仅眉村和穆村附近就有六万多架。在潍县近一万家左右的织户中，有近 3/4 集中在东乡（即今 M 镇地区），由此说明，M 镇当时的家庭纺织业是非常发达的。有鉴于此，M 镇也发展为一个重要的土布生产基地，其商品化的程度和对外交流的程度也非常高，据记载，南流车站"与织布中心眉村有大道可通，故棉纱之输入年约有六千吨之巨"[2]，"以南流及潍县两车站观察，已有万余吨棉纱之输入。总值不下一千万元（惟其中有售于昌邑者）"[3]，"以民十八、十九两年平均计算在一万吨左右，约合棉纱五万六千件左右，值洋一千五百万元以上"[4]。

从 M 镇地区家庭手工纺织业的发展过程中可以看出，它借助技术革新获得的巨大发展，由封建自然经济中的家庭副业上升为专为商品化目的生产的主要行业。在家庭内部地位上，它甚至成为某些家庭用以谋生的主要手段，农业则成了兼业。随着家庭纺织业的发展，家庭内部成员之间的协作分工也

[1] 调查潍县、昌乐、益都、临淄、周村织机数目及经济状况报告 [N]. 山东实业公报，1931（4）.

[2] 胶济铁路管理局车务处. 胶济铁路经济调查报告　第 3 册　潍县 [M]. 青岛：青岛文化印书社，1934：23.

[3] 胶济铁路管理局车务处. 胶济铁路经济调查报告　第 3 册　潍县 [M]. 青岛：青岛文化印书社，1934：17.

[4] 龙厂. 山东潍县之农村副业 [C]// 千家驹：中国农村经济论文集. 中华书局，1936：541–542.

出现了变化，经历了一个从"男耕女织"到"男子纺纱、女子织布""女纺男织"再到"男子从织、女子卖布"的过程，男子逐渐成为织布业中的主力，而妇女则成为从属，在专门为商品化生产的时期，全家成员轮流劳作。"潍县织户，皆系家庭手工业，在昔不过为农闲时之一种副业，今则常年昼夜制织，一家男女轮流，农忙时，壮年男子，白日农作，晨晚仍须继续织机。"M镇地区的家庭纺织业由于适合当时人们的生存环境，也便于通过家庭成员之间的分工和协作开展生产，成为人们谋生的一种手段和主要家庭副业，代代相传，逐渐成为M镇地区的一种家庭传统，对人们的生产和生活产生着重要影响。

二、关于织布业的集体记忆与潜在的产业社会关系

民国时期的M镇家庭织布业在1934年达到最盛，但终因日本侵华而迅速衰落下去，此后历经内战，农村家庭织布业几乎全部停产。新中国成立后，政府组织农村家庭通过织布开展生产自救，20世纪50年代时，M镇织布户组织过互助合作组和织布合作社，最终在60年代政府将农村中遗留下来的绝大多数织机全部迁到潍县，成立了国营工厂，M镇的织布业就此中断了。M镇的织布业虽然中断了，但M镇家庭织布业的历史还是给M镇人们留下了一笔宝贵的遗产，除了代代相传的家庭织布业传统之外，还有人们对织布业的集体记忆，以及流散到各地的产业社会资本。

（一）M镇家庭织布业的集体记忆

民国时期M镇的纺织业是当地的一段辉煌历史，当地人们不仅作为重要的主体参与其中，而且其生产生活也深受其影响。这段历史虽然过去了，甚至当年经历过这段历史的许多人也故去了，但是却成为当地人们心中的一个记忆，这个记忆暗示着当地人们对纺织业历史的看法，也影响着后来的人们的生产方式和价值观念。那么M镇的纺织业历史给人们留下了什么集体记忆？在日常生产生活中是怎么展现的？人们又是怎么记忆这段历史的？我们

主要通过当地人们的经历以及他们口口相传的叙事传说、留存在当地的历史遗迹、媒体宣传来考察这段历史给当地人们遗留下来了什么记忆，从中也能看出人们是怎么看待这段历史的。

1. 经历和叙事

M镇纺织业在民国时期的辉煌在当时经历过的很多人心目中留下了很深的印象，经历过这段历史的人对那些发生在当时的事情不断进行着回忆，也不断地向别人诉说着当时的场景，激发和建构着当地人们的共同记忆。

M镇纺织业经过技术革新之后，发展很快，不久就成为远近闻名的纺织之乡，当地人们几乎家家户户纺线织布，盛况空前。对于这种盛况，当时潍县城关小学教师孙伯祺先生曾经在其日记里记载过。民国十年（1921年），孙先生去邓村（属今M镇地区）走亲访友，顺路游览，一杜姓的晚清秀才就当地男女老少忙于纺织的情景为题专门写过一组诗，即"悠悠潍河水，崖畔杨柳青，林深无啼鸟，盈耳机杼声。九千绣花女，十万织布机，不知今鸡早，常伴玉兔西。五岁学绩麻，十岁能飞梭，窗前更漏替，天上月圆缺。眉村十里街，匹缕堆银台，贾人旧事改，五更驱车来"。这首诗生动地描写了当时M镇地区家庭织布业的盛况和人们织布劳动的场景，潍河沿岸的乡村织布业盛行，入耳处全是织机的响声，声音之吵以至于几乎听不见鸟鸣。早晨闻鸡鸣而起织布，一直劳作到晚上月亮都向西偏移了。小孩子从五岁开始就学着纺线了，十岁左右就开始学着织布，织布时全部身心都沉浸在里面，以至于时间过得有多快都不知道了，月圆月缺，就这么日复一日地织布劳作。眉村（今M镇中心区）十里大街，因为布业的兴盛而开设了专门的集市交易市场，集市贸易催动了眉村大街上的商业繁盛，每逢赶集之日，商人们都放下手中劳作的事情，早起赶车来买纱卖布。这组诗让M镇很多经历过当年织布业历史的人们感慨，感叹那时M镇织布业的繁盛和他们家当年忙于织布的场景。

眉村集是M镇纺织业专门设立的纱布交易市场，为的是方便当地织户和商人进行纱布交易。眉村集辐射范围较广，周边的潍县县城、穆村、南流、寒亭、昌邑、峒山、饮马、高密、安丘等潍县东乡的农村织户和商人都会定期来到眉村集买线卖布。布匹商人则从河北、天津、烟台、济南、青岛等地前来收购。很多老人都记得和听说过眉村大集的繁盛情况，一位老人说：

"那个时候，我家里织布，眉村集前一天就开始盘算着上集买多少纱回来，这次能卖多少布，把织好的布老早收拾起来等着第二天去赶集。第二天早晨很早就起来收拾，挑着扁担和村里别家人一起走着上路去赶集，到了集上的时候天还黑乎乎的，就在那里等着，买个油饼吃着，互相谈论现在的布是什么价格，哪里的老板价格稍高点，仁义不，今日怎么卖，线涨价了么，你家一天能织多少布之类的话。等着布店开门了，就依次去卖掉挑来的白布。卖完白布之后，就去买线回家再接着织布。那个时候，不光咱当地来赶眉村集，就是外地织布的也都推着车子、挑着扁担来咱眉村赶集卖布，就像昌邑那边的人早晨两点就起来，步行着朝眉村走，走到这边还不明天，就等着，开了市卖完布再回去，走回去也就到了傍黑天了。有些还远的，专门赶大车的，一个骡马车队，从青岛那边买了纱线，提前十天半个月就开始走，走到咱这边就先找店住下，开市的时候卖了线买布回去再卖，就这样做买卖。"（董成健，2012年8月）

眉村集每逢阴历一、六开市，布商、线贩于头一天云集而来，三里厂的市街两旁，线、布堆成小山，人流潮水般拥挤，盛况空前，交易量大而频繁，据王海瑞老人回忆[1]，当时眉村大集卖布的三万余挑，每担挑十匹白布。听说那时的销量很大，一个集日能销四万五千匹白布，纱线750件（每件一百公斤），成交额常常能达到十万银元。那会集上小商小贩多，街道两边的店铺也多，据说有72家饭馆，24处银号，赶集的时候大小车辆川流不息，人来人往。

M镇家庭织布业的兴旺发展，还催生了很多的织布专业户以及专门的织布工场，相关的轧布业、漂染业也很发达。M镇织布业的繁荣，甚至从一个小小的村子里也能看出来，曾经对这段历史有过经历的梁某某等回忆道："潍

---

[1]　坊子区志，第二卷经济第六类工业第四辑纺织工业，山东省省情资料库，http://www.infobase.gov.cn/bin/mse.exe?K=c7&A=1&rec=61&run=13.

县东乡后邓村，全村不过 150 户，就有 8 家布庄、1 个染线厂。计有：德庆福布庄（代染线厂），同庆福布庄，同庆昌布庄，同协成布庄，同顺成布庄，同增福布庄，还有两家的经理分别是梁广平和王茂奎，布庄的名字记不清了。都是放纱定织（从染厂提纱再放到各织机户），共有各村固定织布机 2400 台左右。按照规定的尺寸、密度、质量加工定织，品种有白细布、华达呢、打捻、哔叽等。所织的白坯布，大部分交给潍县各染厂，一小部分自销。这时，德信亨已迁到眉村去了，加上德信亨的 1000 多台机，总共 3400 多台，织的白坯布，除供应潍县的染厂外，还供应济南一部分，自销一部分。"

我们从这些人的回忆和叙事中，能够想象得到 M 镇织布业当年的繁盛，在他们心中留下了很深的印象，他们又经常把这种回忆和故事向不了解情况的人诉说，别人也能从中感受到本地织布业的辉煌历史。M 镇当地人们不管听了这些故事之后有什么反应，都会形成关于这段历史的集体记忆，在潜移默化中影响着他们的认知方式和处事态度。

2. 历史遗存

民国时期 M 镇织布业的历史虽然过去了，但依然留下了一些标志继续诉说着当年的历史。到了今天，对 M 镇织布业那段历史有所表征的最重要的莫过于这里的"惠及工商碑"了。

"惠及工商碑"主要是指民国时期 M 镇织布业发展中，当地织户跟市霸做斗争留存下来的纪念建筑，具有非常重要的历史意义，是 M 镇织布业发展的一个里程碑，从中我们也能够看到当年 M 镇纺织业中发生的故事。M 镇织布业在经过技术革新后，1917 年，曾倡导采用铁机新法织布的等村人胡曰汉、王举才等人，为了方便本地的土布和纱线买卖，联络附近各村知名人士，在眉村集设立了布线集市。M 镇织布业繁荣，在设立了布线集市后，更加带动了周边农村织布业的发展。眉村大集纱线土布交易额突破十万银元这样大的数字，引起了一些地痞流氓的眼红，他们勾结税局，私自征税，苛税之重使织户们怨声载道，M 镇本地织户团结一致与非法征税机构打官司，获胜之后，政府下令将全县织户机税全免。M 镇织户们团结一致抗争非法征税的举动，不但打击了恶霸豪强，维护了自身的权益，而且还为潍县全县织户们带来了免税的福利，这更进一步促进了潍县织布业的发展。（详见附录一："眉村方碑事件"）

抗税事件之后，M 镇人民于 1921 年 3 月在眉村大集立惠及工商碑以纪念袁、陈二公德政和此次事件。惠及工商碑在"文革"时期被毁，但 M 镇人民为了彰显 M 镇织布业的光荣历史和纪念抗税事件，于 1989 年重立。下面是重立惠及工商碑之碑文：

《重修潍境惠及工商纪念碑记》

南眉村潍境惠及工商纪念碑始建于民国十年六月，"文革"期间荒入四旧，误遭摧残，遂使文物失迹，记载湮没。十一届三中全会以来百废俱兴，善政齐举。该碑鉴定为省级重要文物，经决定重建以志未来查证，残存碑文考问耆老，得原碑记载精神要意爰为之记。民国初年，国家略定，民众渴望富裕发达，几经周折由天津引进铁机，织布效果良好，未几蔓延多地为数三万余台。布匹集中在眉村大集销售仪式大盛，未料痞氓豪强顿生搜刮民财之心，勾结官府以承包税务为名，给机织户按税苛政暴敛，不堪其苦。按我国民族工业正当萌发时期，备受帝国主义摧残，机制业尤甚，民奋勇而起，一致抗争，殃成官司。邓村梁中正等以爱国之心，挺身而出，激昂陈诉，称，自世界大通，群竞商场，国家兴旺发达恒以工业为源，我国织业由洋纱入口，洋商洋布乘间而入，织业更有日落千丈之势，演至近年，变本日厉。幸值外交及迫，抵制外货，倡挽之声日高，民族工业日增，如眉村各地农村购置铁机自织，各种洋布物美价廉，行销亦畅，倍受欢迎，充之足抵舶来品不难也等。言之激切，问官频频点首，潍县县长袁陈二公亦表同情，由是行文报省转北京国务会议，批示，自民国七年元月一日起，国家地方两税一律免除，因之引来潍城青岛等大批外商来眉村投资经营，眉村织业迅猛发展。为昭示四方，兼酬袁陈二公德政，乃建惠及工商碑以志纪念。

缮书 萧光平 镌刻 萧其昌 萧光平 中华人民共和国四十周年立
重立之惠及工商碑正面仍然题记"惠及工商"四个大字，右侧书"中华民国十年六月谷旦"，左侧书"潍县县长陈、袁公大德政""一九八九年十月重修"。后面书"南眉村"，左侧面是南眉村之历史介绍，右侧面是《重修潍境惠及工商纪念碑记》。重立之惠及工商碑为南眉村村委所立，既作为纪念碑用，又作为南眉村村志用，以显示南眉村在 M 镇织布业历史上的地位，"惠及工商碑"的重立实际上更是 M 镇人民对民国时期纺织业历史的一种集体记忆所催动的。

除了惠及工商碑之外，我们能够找到的彰显 M 镇织布业历史集体记忆的就是一些私人物品了。这些物品可能是一些当年的老字号遗留下来的东西，也可能是当年的织布业遗留下的一些残缺设备，不过从那些人对这些物品的保存程度来说，他们是极其珍视这些物品的。他们珍视这些物品，毋宁说是他们珍视那段历史，珍视物品承载的对那段历史的记忆。

（1）布店商标广告

M 镇织布业繁盛的时候，眉村集市两边店铺林立，布店很多，有德顺成、同协成、同庆昌、同聚福等老字号。有些老字号虽然已经不存在了，但依然还有一些物品显示着当年老字号的兴旺。德顺成当年经营得比较成功，在潍县地界比较有名。德顺成的商标号是"潍县德顺成监制"。广告牌制作得也比较精细，其广告标题为"德顺成记"，内容是"启者本号开设在潍县东乡南眉村专办优美材料，聘请优等技师用化学染法定织，石机制造，德顺成发票为记。谷色打捻洋漂及粗细市布一切俱全颜色鲜明永不褪色。敝号布之稍面加长加宽与众不同，望祈赐雇。诸君认明布两头白码印章为记，成不致误。总售处潍县东关德顺成 本号主人王启元"。据王学文讲，德顺成是他四太爷当年开设的布店，生意往来频繁，买卖很大，遇到资本紧张时候，就能凭借着这种广告，在末尾王启元签上本人的名字就可以在潍县所有的银号里取到银钱。德顺成当年运营时，同村也有很多人经营着织布业，在 M 镇和潍县县城往来频繁，关系紧密。如今虽然这段历史早已过去，但是当年创业者的后人对这段历史的记忆并未消失，他说那次接受电视采访，他拿出这样一个小小的广告牌讲述他自己家族当年的创业史时，引起了其余一些老人的共鸣，勾起了对那段历史的共同记忆，讲述了他们经历的那些场景，他们听父祖辈讲的当时 M 镇织布业的盛况。

（2）旧纺车和旧织机

纺车和织机是织布业中主要的生产工具，在织户家庭中人们对它们的态度就像农民对待耕牛的感情一样深厚，朝夕不离，在日常生活中不仅仅是一个生产工具，更像是一个倾注了深厚感情的须臾不可分离的老伙伴。他们饭前饭后纺线织布，农闲时纺线织布，出外归来纺线织布，纺线织布已经成了他们生活的一个重要组成部分，是他们的一种生活方式。他们在与纺线织布的朝夕相处中留下了太多的记忆，以至时过境迁老式织布业消失后，他们还珍而重之地保留着那些原本属于生产工具实际上却相当于他们生活伴侣的旧式纺车和织机。有的老人说："哪天生活再度发生困难了，可以再用手工纺线织布来生活，能解决困难。"与其这样说，不如说他们其实是为了保留一种生活经历的见证，保留那一段时光的记忆。这常常是发生在那些经历过民国 M 镇纺织业又经历过生活困难时期的八九十岁的老人身上，在他们的家里时常能看见旧时纺织的一些器具，很有条理地摆放在一个妥当的地方，珍而重之，不让别人随便触碰它们，看见那些器具，就会向你不断诉说着他们年轻时候与织布相关的往事。有过这一共同经历的老人们时常聚在一起，共同追忆他们当年的时光，不断重构着有关当时的记忆。M 镇当年织布业繁盛，几乎家家户户纺线织布，很多人家里都多多少少留存着纺车和织机的影子，不断建构着人们头脑中关于民国时期 M 镇织布业的集体记忆。年轻人也从与老人的接触中，对纺车织机的好奇中，建构出了这种集体记忆。

关于过去的信息要么被保存下来，以便日后进行追溯、回忆和表述，要么通过持续的流传得以存留下来（相如，2011）。而过去的信息要保存下和流传下来，必须以一定的媒介为载体。集体记忆也同样需要媒介来传承和建构。人们的经历、叙事传说以及历史遗存就成了人们构筑集体记忆的媒介。这些历史遗存虽然不属于传统的经典文化遗产，但它们的存在见证了当年 M 镇纺织业在这个地方存在的历史，也作为载体承载着这些历史信息，将他们保存下来，人们的共同经历和叙事传说则不断将历史信息向下流传，共同建构着人们的集体记忆。关于民国时期 M 镇纺织业的集体记忆虽然已经超越了当下人们的直接经历范围，让人们想起遥远的过去，很多年轻人更是对地方历史缺乏一种敏感度，但共同地域范围内生活的人们通过从历史遗存、老人的叙事传说等载体中获得的信息不断建构出有关当地纺织业历史的集体记忆。

（二）M 镇家庭织布业复兴的产业社会关系

潜在的产业社会关系是 M 镇织布业历史给后期织布业复兴时所利用的人脉资源，主要是从 M 镇本地流散出去的织工及其所掌握的各项生产资源。流散出去的织工依靠自身所具有的织布技能优势，在新中国成立后进入了国营工厂，成为技术人员或者管理干部，具有一定的控制某些资源的权力。他们虽然流散到各地，但与 M 镇还是有着千丝万缕的联系，M 镇织布业复兴的两个源头都是从他们那里获取了生产要素和资源才实现的。流散出去的织工主要分为三部分，一部分是随着潍县织布业的扩散而出去的，一部分是 M 镇织布业衰落后流散出去的，还有一部分则是新中国成立后本地国营织布工厂吸收工厂从 M 镇本地出去的。

潍县家庭织布业是一个专门以商品化生产为主的产业，在市场向外扩展的同时，织布业也必定是随着市场向外扩散的。潍县织布业在 20 世纪二三十年代迅速扩展，专门以区域外的商品化生产为主，在市场向外扩展的同时，潍县织布业中很多人则随着市场的扩展而将织布业扩散到了全国其他各地。M 镇作为潍县织布业的策源地和中心地之一，很多织工以织布为谋生手段，外出流散到了各个地方，定居直到新中国成立后则由于具备织布的技能优势被吸收进了国营织布工厂。

一位为 M 镇社队企业跑过业务的人说：

"说实话，认识东西都有个变化，都需要基础，你比如说平时不出家门，构思、眼界都不开阔，干什么怎么干都不知道，他们那些人能干起来（社队的织布业），就是因为在外面的人多，咱们这一块地方，早年织布，培养出一些人才来，这些人才在全国各地很多，包括咱们这边会织布的人，一直往南走，徐州、上海，往西走，郑州，再往西走，咸阳、西安等，那些地方只要是织布厂，就会有咱们昌潍二县的人。西安的人民白布厂，那里面的工人70%的就是咱这边邓村、穆村、南边马村这些地方的人。我1972、1973年的时候在西安，西安平绒厂、西安人民织布厂都是咱们这边的人，咱们这边的人生活困难，出去打工，别的不会干，就只会干织布。解放后，就因为会织布进了国营厂子，后来有些能力大的就当了干部，能力不行的，就靠技术吃饭，在一个地方待的时间长了，总是有些关系的。咱这边就是有这些人才，出去找到这些关系才能干起来。"（辛某玉，2012年8月）

M镇家庭织布业由于日本侵略战争衰落后，很多织机被廉价抛售，或者沿着铁路线去了济南、青岛、徐州、烟台等地，或者零散流散到了其他地方。一些织工为了谋生，有的跟着织机去了外地织布，有的往来贩运织机零件。一位老人比较了解那时的情况，他说：

"那会儿大约是1941、1942年的时候，正好是鬼子来的时候，咱这边生活困难，不知道怎么打听起来，人家叫到莒南那边去，说那边有织机的。俺爹就去了，领着俺姐姐去的。咱家这些亲戚，新庄你们二老姑一家人有三四口人跟着去了，驸马营你们那个表姑也去过，还有她兄弟也去了。咱这边多部分都会织机，谁先去的不知道，一下子就去了好几个。那会儿咱这边一方面粮食也不收，生活很困难，吃糠咽菜也吃不饱，去到那边，那边生活好。在那边织机的时候，净吃细面，七天一顿饺子，一顿饺子按人发，一人半斤肉，就这样的生活。那边是共产党的地盘，那些织布业大概是共产党从咱这边倒弄过去的，女的打泸沽，男的织机。那些织机零散地分布在各个庄里，这个庄里三张两张的，那个庄里三张五张的。

"那边也有鬼子，在那里的时候，他们平时织机，有情报说鬼子来扫荡的时候，就用锤子、扳子把螺丝拆开，把织布机埋到地窖子里，人家有领着的就钻到山里去藏着。一听说鬼子走了，再回来上起来继续织。那会儿基本上就是给八路军织军服。以后，那些织布机集中起来成了织布厂，再后来就改名叫了华东军区被服厂。咱这边很多织布的就留那边，那边动员入党，很多人不敢入，也有一些入的，那个段某增、段某久就在那边入的党，后来混好了，成了乡长。你大爷爷他们没待到好时候，不干了。以后他就往这边来回走，做买卖，牵牲口，从这边买上大机零件，到那边卖了再买牲口回来。咱这边你表姑他那个兄弟没回来，在那里一直干着。后来那些织布机有运到徐州去的，有运到上海去的，他跟着去了徐州。没几年，解放了之后，他也就成了徐州织布工厂的工人。"（董成健，2012年8月）

一部分流落外地的织工由于政治原因，为了避难而出逃到其他地方，安顿下来后进入了当地织布厂。同样是那位业务员说：

"在解放前，我村里有一个人，论辈分的话，我得叫他四爷爷，他以前在咱这块土上，是个织布的好手，家里也安着机，就是因为他兄弟干过国民党，解放后政治运动一个接一个的，整天人心惶惶，他害怕，就带着老婆孩子走了。后来，他去了西安，去了一个生地方，谁也不知道他的情况，就安稳地住下来，他会织布就进了织布厂，成了个技术工。后来我还打听着去找过他，他一家人都在织布厂里。不光是他，解放以前咱这边很多有问题的人都跑到西安去了，去了那边的织布厂织布。"（辛某玉，2012年8月）

20世纪50年代，潍坊成立国营棉纺厂和国营织布厂，所需用的工人很多都是从下面农村的织工中吸收的。M镇织布业作为潍坊东乡织布最出名的地方，吸收的工人也很多。一位退休工人这样说起当时的情况：

"俺家里以前在潍坊（潍县）开着木器铺，专门给人家做机的，我也是做木工。解放后，1954年入了合作组，1958年大炼钢铁去了钢铁厂，六几年去了潍坊印染厂，我那会儿文化不行，晚上就去上夜校，学会了画图纸，解放后去了潍坊印染厂上班，在那里我算好的，是个技术人员，是个能手，画图安装都能做了。后来又去了纺织局，有一段时间去了市委搞锅炉，干了两年又调回纺织局。在纺织局我管着供销，后来我到了地区纺织局干了八年。解放后潍坊成立了国棉厂和织布厂，国棉厂从国棉一、国棉二，一直排到国棉九，织布厂也是有四五个。咱这个地方的人会织布，那会儿就从咱这里招了很多工人，也有很多工人是跟着织布合作社合并进去的。大约 1962 年的时候，那会儿吃不上饭，工人全都下放了，我那会儿在潍坊还有用处，是农村的留城市的都写申请，下放的都是农村的。农村的有地，就光放的农村的，99% 的都下放回来了。后来，人家叫回去，有的回去了，有的没回去。现在看看，回去的都弄着好事了。以前是计划经济，咱这里是织布之乡，发展多少织机，一月生产多少产品，根据各省里多少人口，上哪个省调多少，都是有计划的，国家统一调配。干什么都是有合同的，这个合同都得需要批。我在纺织局管供销，还是多少能管点儿事的，很多人来找过我批合同。我在潍坊干到六十退休，回来还是从事这个行当，给人家修织布机，安装织布机。我退休了之后，很多人还是找着我介绍着去潍坊办事。"（董春水，2013 年 8 月）

M 镇当年因各种原因流散出去的织工，在新中国成立后进入了当地国营棉纺厂，由于有织布的技能优势，很快就成为业务或者管理骨干，掌握了调动部分资源的权力，这就为 M 镇 20 世纪 70 年代后期社队企业的顺利发展积蓄了充足的人脉、资源优势。

三、产业历史因素基础上 M 镇织布业的复兴

计划经济体制时期，国家对重工业和城市工业的重视，以及国家统一调配资源的制度，使得社办工业的生存呈现出一个断断续续、高低起伏的状态，但是从未真正断绝。无论从政策还是从实际上看，社队工业的生存空间还是比较狭小的。究其实际，农村中的社队工业只是隶属于农业的"副业"，既不归口工业部门，又不能在国家计划经济中占有一席之地，各级主管工业的部门也无心无力管它，这导致社办工业在机器、设备、原材料和市场方面极不稳定可靠（汪海波，2007）。社队工业只能遵循着国家在政策上对其规定的"就地取材、就地加工、就地销售"的"三就地"原则，在非常封闭的区域性环境之内生存和发展，以按规定避免与城市大工业争原料、争能源、争市场。虽然改革开放之后，很多乡村工业由于政策放松和限制的减少获得很大发展，但乡村的棉纺织工业却依然处于计划体制的限制之下，难以顺畅地获取原材

料和进行产品销售。因此,乡村工业基本上都是依托乡村中各种社会关系获取资源以求得生存和发展,技术设备承袭先前遗留下来的旧式基础,资金来源是社队内部的积累,原材料和销售也是"来料加工"业务中附带的,它们是计划经济时期自力更生、艰难生存的一种"夹缝"经济(于秋华,2012:283)。

M 镇的织布业的复兴,或者说 M 镇现代织布业的兴起和起步阶段就是在这个大的制度背景下实现的。这个背景既是新中国成立后 M 镇织布业中断的阻碍,也是孕育其重新发展的契机。棉花、棉纱的统购统销以及计划调拨体制限制 M 镇织布业获得了复兴,这既非来自地方政府的鼎力支持,也非由于市场机制的自由调节作用,而是 M 镇人"自力更生",在承袭本地家庭织布业的传统和对织布业历史的集体记忆,以及潜在的产业社会关系网络的基础上将中断的织布业艰难发展起来的。M 镇现代织布业的兴起和发展,本书认为主要是由两个发展源头开始的,一个源头是从 20 世纪 70 年代初开始的社队企业,另一个源头是从 90 年代初开始的乡镇企业。这两个源头在因为开始时间不同和形成的影响不同,因此有必要对它们进行分别表述。两个源头分别发展出了一些织布群体,由开始时的独立经营到在后期逐渐连成一片,有了相互的业务往来。二十多年中,M 镇大约总共几十户规模比较小的织布企业就代表了 M 镇纺织业的起步阶段。下面分别从织布业的两个源头来讲述 M 镇人是如何利用织布业的历史因素给其留下的资源将织布业复兴的。

(一)第一个源头:20 世纪 70 年代社队企业时期的织布业

1970 年,北方会议提出"推进农业机械化"的口号,为社队企业的发展提供了政策空间。发展社队企业,开展副业生产,这就面临着一个产业选择的问题。选择进入一个什么样的行业才是合适的,是当时 M 镇发展社队企业时曾经思考过的问题。由于 M 镇本地曾经有过织布业的辉煌历史,给一些经历过的人留下了很深的记忆,且中断年月不久,织布基础仍在,因此大部分社队企业就都选择了"织布业"作为生产经营业务。

"那会儿，上边号召发展副业，推行农业机械化，大队里就在商议，咱这里能发展什么副业呢？别的地方开农机厂、配件厂、砖瓦厂，他们能搞到机件生产，咱又没那些渠道。要不咱就还是弄织布吧，咱这里还有原来的基础，不怕干不起来，说是开展农业机械化，不过咱发展副业也不算违规。再把原来那些没有收上去的铁机修修，找了个闲屋就开了起来。"（辛某喜，2012年8月）

笔者通过调查走访发现，20世纪70年代初，M镇各社队的织布业基本上都是这样发展起来的，也有些社队是看到别的社队发展起了织布业就进行了仿效。不过，当时的社队织布业都是沿用民国时期遗留下来的铁木织布机，几十年过去了，如今仍然使用在民国时期算是先进的铁木织布机，无论从动力还是从效率上来说都显得比较落后了，且故障率较高，需要较多地维修，织机配件也难以找寻。当时，M镇的一些社队企业已经在私下实行了承包经营，个人向生产队投资，生产队则将社队企业交予承包者经营管理，年底对企业进行核算，承包者从中赚取多出的利润，社队企业的设备和厂房仍然归生产队所有。这样的承包经营制度大大激发了承包者的经营热情，他们为了赚取更多的利润，想方设法提高织布效率。但采用旧式人力的铁木织布机是很难提高效率的，他们将注意力转向了国营工厂内现代化的以电力为动力的机器织布机。

计划经济时期，国家资源都是实行计划调拨，纺织设备同样也是受国家严格管控的，不能随便倒卖经营。通过正式市场渠道难以购买电力织布机，承包经营者们只能转向非正式渠道，通过历史遗留下来的产业人脉资源，也就是旧有的社会关系网络渠道到处打听购买。

"解放前，咱这里走出很多织布的人散播到全国各地，他们解放后都进了国营工厂了。我一个本家堂叔在西安国棉五厂后勤部门里管设备，他那个厂里正好淘汰旧设备，知道我要就叫了我去看看。我去了一看，那些淘汰下来的都是44机，在当时算是小机了，不过比咱家里使用的人力机先进多了，就决定买下来。那个时候，国家规定新机不随便卖，就是淘汰下来的旧机也是回炉销毁的，也不能卖。俺叔就偷着从厂里淘弄出来，还开了证明，从那边通过火车运到潍坊火车站，俺雇车从潍坊拉回来的。那个时候，不开证明不行啊，首先开了证明火车才给你运，其次万一查到也说是国家调拨的。没证明，查到了就牵连一大圈，谁也没敢弄的。弄回来了就淘汰了人力机，全都换了电力机。"（辛某喜，2012 年 8 月）

由于当时具备这种眼光的承包经营者并不多，很多社队企业由于没能够换成电力机，逐渐就倒闭关停了，仅仅留下了少数几个社队企业。给笔者讲述的这位承包经营者承包的是北眉一大队一小队的社队企业，从西安国棉厂总共买回 24 台电力织布机，分作了两部分，12 台用来织布，12 台用来织编织布[1]。电力机安装之后，并没有马上投入正式运营。因为工人们绝大多数以前都操作过人力织布机，但都没有操作电力织布机的经验，并不敢贸然操作。于是，经营者请了从潍坊国营工厂下放回来的工人指导他们如何操作。经过国营工厂下放工人的培训，织布厂才正常运营了起来。

虽然当时国家号召发展副业生产，但整体环境一直是在变幻不定的，中央对发展农村副业的态度一直徘徊于鼓励和禁止之间，地方政府的态度也比较模糊，对乡村社队企业的管制并非很严。对于农村生产队来讲，开办社队企业不但能够安置一些闲散劳动力，还能增加本队社员的收入，因此并不严格地遵照政府里的禁令，只要政府不加严查，社队企业就可以一直经营。对于当时的经营环境，这位经营者说：

"70 年代的时候，政府割资本主义尾巴，不允许经营农村副业，既不让个人干，也不让大队干。当时俺队里已经办起了社队企业，不可能拆掉吧，而且我也已经从西安把织布机买回来了，不让干这不就是浪费了吗。所以，尽管上面不让干，我也就这样一直硬干着。那会我敢这样硬干的原因就是和大队书记关系很好，他也知道这个难处，就睁一只眼闭一只眼的，只要他不管，外面不知道就更没人管了。"（辛某喜，2012 年 8 月）

---

[1] M 镇是一个著名的织布区，但同时也是一个著名的编织布织区，编织布织造也是从这时开始的。

　　通过使用新式电力织布机淘汰旧式的人力织布机，就标志着 M 镇织布业从传统织布业走向了现代织布业。尽管这些新式电力织布机仍然是被国营工厂淘汰的旧设备，但对乡村工业来说已经是很大的进步了。社队企业要正常经营下去，除了设备，还要有源源不断的原料供应和产品销售渠道以及相应的经营资本。国家从 20 世纪 50 年代起就对棉花、棉纱和棉布实行统购统销制度，国有纺织系统使用的棉纱都是由计划部门正式调拨分配的，乡村纺织工业是很难拿到织布所用的棉纱的，不仅如此，棉布销售也受到很大限制。

　　20 世纪五六十年代，山东省印染企业所需要的棉布是由纺织工业系统内部按计划平衡直接对口调拨的。在当时，纺织工业系统能够提供棉布的只有国营棉纺工厂，而整个 60 年代的混乱扰乱了国营棉纺工厂的正常运营，致使许多国营棉纺工厂的计划额度难以完成，它们为了按计划完成额度只得将一部分外包给乡村社队企业代为加工，棉纱由国营工厂提供，加工出来的棉布再运回去，社队企业只从中赚取加工费。M 镇织布业还未中断时，是给潍坊花纱布公司代工的。到了 70 年代，M 镇社队织布业重新开始时，基本上都是利用先前走出去的人脉关系给省内的国营工厂代工棉布。社队企业的这些代工业务，不但代工对象不固定，而且也没有固定的合同关系，随意性较大，通常是业务员到处打听业务，做完一个再寻一个。

　　"俺那会儿开的那个厂，就是给国家织加工的，最开始联系上了潍坊国棉五厂，那里有俺村里一个人在里面干管理，俺就联系上了他，给他们加工布匹。后来，就给上游那个纺织厂加工，再后来就是联系上了青岛的业务给青岛干了。"

　　另一个与其合伙经营社队企业的人说："当时国家棉布产量紧张，国家布匹不够用的，染织厂完不成任务，就放到咱下边叫社队企业代工。社队企业就光挣个加工费，棉纱是大厂里的，织出布再给它送回去。北眉村一大队一小队在七几年开始织布的时候，就是给大工厂配套加工的。怎么联系上的呢，我认识个人，叫 ×××，他以前在俺爷爷在青岛开的织布厂里干活来，也是俺家亲戚，与俺家关系比较好。××× 在潍坊染织厂里面有一个熟人，那时在厂里面是党政一把手，他们经常在一块玩，关系都很好，就通过×××联系上了那个一把手，开始给染织厂织加工。"（辛某喜，2012年8月）

织布业中一个至关重要的环节——浆纱业，当时在M镇并不存在。M镇旧式人力织布机淘汰之后，与其配套的旧式浆纱法也不再适用于电力织布机，因此M镇织布业的浆纱环节主要通过两个地方。一个是在国营工厂处理，由于M镇织布业做的是来料加工业务，很多棉纱都是在国营工厂处理好之后才运到M镇加工。另一个是部分业务运到邻近的昌邑地区。昌邑地区的织布业在新中国成立后一直发展着，没有中断过，与织布有关的配套行业都比较齐全，尤其是昌邑柳疃地区，养蚕织丝，盛产丝绸，是供应国家丝绸产品的重要基地，所以昌邑地区的纺织业基础比较良好。一位比较了解情况的人说：

"涉及浆纱这一块，一部分是来料加工，大厂里处理好的；还有一些是自己拉着上的昌邑浆的。昌邑那边发展得比咱这边好，织布、浆纱、印染这些环节都有。M镇的织布与昌邑一直都是关联在一起的，昌邑的印染产业有一个有利条件，离北海近，排污容易。咱这边织布早，昌邑后来发展得快。北海昌邑这几年发展得快，关键在于那时候物资紧张、原料紧张。昌邑在解放前，参加革命比咱们这边多，比如双台、龙城、瓦城等地，原来交通不便，基层的共产党干部多，他们有条件就出去找门路，就能买到原料、线、丝、设备等，因此，昌邑的纺织就发展得快，包括柳疃的丝绸，东富、西富等地，那一带发展得好，出去染，一看染挣钱，就开始上的染业。昌北织丝，在1977、1978年规模就很大了，生产队里，张家车道、刘家车道，柳疃以北，东富、西富，那个时候就开始了，包括昌邑金家口、南金、北金、一直到圩子那一段，他们上机，在染织厂里，他们好多设备没件了，他们那时候织色织，织高尔夫呢，我那会儿和染织厂里熟，在染织厂里干，他们过来弄件，我在仓库里给他们发件，染织厂里那会还能接班，家里老的提前退休，让孩子接班。退休的这些人跟染织厂里熟，到厂里来买件之类的东西好买。"（辛某喜，2012年8月）

M镇织布业在20世纪七八十年代时，织布所需的浆纱处理除了部分是国营工厂直接处理好的之外，大部分还是去昌邑的浆纱厂处理的，这种情况一直持续到90年代，直到M镇地区自己发展出了浆纱业。

社队企业的经营资本一般都是来自社队里的生产积累资金。既然社队企业只是来料加工，就免去了买棉纱的资本，只剩下了工人工资，就当时的情况来说，物价非常低，工人工资也占用不了太多的资本。因此，当时经营一个社队企业，让它好好地生存下去，只要有织布机，能联系上国营织布厂的代工业务就行了。当然，社队企业的开办并不是一帆风顺的，很多时候都会遇到经营困难的情况。想起那时的经营情况，当年承包社队企业的辛某喜说：

"生产队时期，生产队里有生产资金，自己也有一块。生产队解体之后，主要就是个人自己的钱办厂子了。困难经常有啊，也不是那么好干的，什么困难都遇到过，有的时候困难是技术、维修，有的时候困难是找人，有的时候困难是钱，有的时候困难是买不进来，有的时候困难是卖不出去。其实最困难的还是资金问题，生产过程中没钱了，怎么办？有些时候是从银行里贷，从别的亲戚朋友那里地方借，再就是欠账，赊一块，欠一块。到了最后实在弄不到钱的时候，就先停着，等到弄起钱来的时候再接着干。那时候就是这样，遇到困难的时候就得拱着头往前走,什么困难也得往前走。要不能怎么办呢？"（辛某喜，2012年8月）

M镇第一家使用电力织布机织布的社队企业，从20世纪70年代初开始一直到80年代末，筚路蓝缕、一路艰辛，一直坚持着，开枝散叶，逐渐分出五六家个人单独经营的家庭织布企业，都经办着国营棉纺工厂的代工业务，它们共同组成了M镇现代织布业开始的第一个源头。

（二）第二个源头：20世纪90年代乡镇企业时期的织布业

20世纪七八十年代时社队企业以及生产队解体之后的个体户又开始了M镇织布业的发展，是M镇织布业发展的一个源头。另一个源头也是起到很重要的引领作用的则是20世纪90年代初开始的乡镇企业。20世纪90年代初，M镇政府创办了一批从事织布业的乡镇企业，其良好的收益和低门槛，吸引了一些个体家庭参与到织布业中，扩大了织布业在 M 镇的影响。虽然 M 镇历史上织布业的辉煌过去了几十年，但仍然对乡镇企业时期 M 镇织布业的发展起到了深刻的影响作用。本节主要讲述从事织布业的 M 镇乡镇企业是如何在当时的社会环境下受纺织业的集体记忆影响借助于潜在的人脉资源发展起来的。

20 世纪 80 年代末，国内经济出现投资过热和通货紧缩的态势，国家通过宏观经济调控进行了三年治理整顿，到 1992 年国内经济又走上了全面发展的阶段。1992 年春天，邓小平发表南方谈话，吹响了中国进行市场经济体制改革的新的号角。改革和开放的能量以前所未有的势头开始释放，似乎过去沉寂的三年就是养精蓄锐、蓄势待发的三年。同年 10 月和翌年，邓小平的讲话通过党的十四次代表大会和党的十四届三中全会转化为党的意志和国家意志，市场化成为中国几乎所有改革的目标取向（李友梅，2011）。这就使中国的经济改革推进到了一个新阶段，鼓舞了全国各地发展经济的劲头，也促进了乡镇企业的大发展。在全国各地发展经济的形势下，M 镇也受到影响重视经济发展，在 20 世纪 80 年代末 90 年代初，相继开办了一批专门经营织布的乡镇企业，如玛钢厂、帆布厂、纺织厂和丝织厂等。其中 1993 年镇政府筹办成立的丝织厂对 M 镇后期织布业的扩散起到了很大的带动作用，甚至当地有人将其说成是 M 镇织布业的"催化剂"。

一个现代化机器工厂的设立，对于决策者来说，并不是一件头脑一时发热轻易拍板决定的事情，需要考虑的是选择什么行业，已经具备了哪些条件，不具备的条件是否容易达成，等等。只有最关键的要素条件具备了，工厂才能上马筹办。丝织厂的成立以及选择从事织布业也不是空穴来风，它经历了一个决策过程，它的成立需要考虑为什么要介入织布业，以及开办企业所需要的资本、设备、技术、原材料等生产要素资源、场地空间状况，最关键的则是产品的市场销售问题。

镇政府主持筹办乡镇企业，在国家政策已经明确支持发展乡镇企业的情况下，通过从银行贷款的方法筹集企业开办资本很容易达成。其余的则要考虑选择行业、设备、技术、原材料、场地空间以及产品销售的问题了。对于行业的选择，依然与先前织布业的浓厚基础有关。一位当时参与筹备丝织厂的人员对笔者说：

> "当时全国都发展乡镇企业，镇政府也为了增加收入，就想着再建一个厂子。正好镇政府有片空置的场地，就想着怎么利用起来。大家商量来商量去，干什么好呢？后来都说起来咱这里本来就有个织布的基础，都多少懂点行，干织布容易上手，不陌生。选别的不会干，也不上路。就决定了上织布业。"
> （李某寿，2012 年 9 月）

从筹办人员的话中，我们可以看出，M 镇先前织布业的浓厚基础影响了人们在选择行业时的思维，体现出了织布业留存在人们心中的集体记忆。对织布业的集体记忆既帮助又限定了人们在无法选择一个合适的行业时，首先就会想到最熟悉的织布业。就 M 镇织布业的基础来说，不单单是指人们对织布业的熟悉程度，还有相当一部分 M 镇籍贯的国营工厂退休工人本身所具备的技术和人脉资源。

就设备和原材料等生产要素来说，在当时的市场环境中已经比较容易获得了。随着改革的不断深入，计划经济调配资源的体制渐渐放松，很多生产资源都可以在市场上自由流通，费时耗力拐弯抹角找关系通过非正式渠道购买生产资源的情况也比较少见了。购买织布机，再也不用经历 20 世纪 70 年代社队企业通过关系从外地开证明长途跋涉所经历的困难了，全国各地的纺织机械公司已经面向市场销售，人们很容易就能够买到所需要的织布机了。"丝织厂当时买的织布机是从潍坊纺织机械公司买的，买了 12 台，全是新织布机，丝织厂就是从这 12 台新织布机开始生产的。"（董某华，2012 年 8 月）虽然在当时的体制下，棉花的统购统销仍然没有放开，但是各地在发展乡镇企业过程中新开设了很多小型的棉纺厂，因为供需和市场问题，它们生产的棉纱数量众多，到处寻找买家，获取棉纱相对比较容易。

改革开放以来我国纺织品长期供不应求，这种情况刺激了很多乡镇纺织企业的出现。然而，供不应求的卖方市场局面绝非意味着每一个从事织布业的厂家都能够轻易找到产品买家。没有考察好产品销售市场之前，任何一个工厂都不敢轻易开办。产品销售的市场问题，对 M 镇丝织厂来说，这是需要考虑的一个最关键问题，也是决策者们决定开办丝织厂的初衷。曾经筹办主持丝织厂成立的 M 镇原经委主任说：

> "我那时在镇政府里当经委主任，筹办丝织厂的时候就是我们好几个人一直在讨论商量。最后决定由我出面主持这个丝织厂，为什么考虑我呢？这里面的原因是我有个卖布的关系。俺村里有一个在新疆部队上管事的人，在部队军服厂里专门管做部队服装。咱这里开厂给他们部队上做服装布就行，双方联系上之后，说能不能给他们提供布匹，他们也有了这个意向，就这样咱这就上了这个项目，丝织厂就这样上起来了。"（李某寿，2012 年 8 月）

然而，事情并非如预料的这般简单顺利，丝织厂成立之后就发生了变故。筹办丝织厂的重要决策者——原经委主任，原本是主持丝织厂的日常管理运营工作，因为在镇政府工作中发生了一些矛盾和纠纷，调离了原工作岗位，甚至也被排挤出主持丝织厂的管理层中，这样原来的业务关系因主管人的离开而中断，丝织厂一时陷入僵局。新的产品市场并不是短时期内就能随便找到的，在当时布匹市场封闭的情况下，解决不了市场问题，丝织厂如何敢于生产？况且贷款投资建厂是为了获取利润，现在因为没有市场拆掉非但不能还清贷款，还会造成极大浪费，如此情况下，主持丝织厂的厂长想到的依然是 M 镇织布业早年留在外面的人脉关系，与徐州印染厂达成买卖合同，解了燃眉之急。

> "和新疆的联系断了之后，产品就考虑到徐州那边的染厂关系，那时的染厂和现在不一样，以前的染厂买布，现在的光给人加工。徐州印染厂是北眉村人创始的。九几年的时候，徐州印染厂的四个厂长，其中有三个副厂长都是 M 镇的，前邓村王宝清、王家庄子姓褚的，北眉村还有一个姓袁的，王宝清和姓褚的我都见过，北眉村的我没见过。三个副厂长，王宝清管经营，老褚管设备，就是找了咱 M 镇的这些关系联系上的。南眉村王资正，他的丈人就是在徐州印染厂干经营厂长的王宝清，俺就聘请王资正干业务员往徐州

跑关系，那些布就找到销路了。"（董某华，2012 年 8 月）

国内纺织业经过几年的迅速发展，产品供不应求的局面渐渐改变，成了卖方市场，很多国营工厂出现经营困难的情况。徐州印染厂加工完成的布匹销售不畅，效益下滑严重，导致对外经常会有大量欠款。在此情况下，M 镇丝织厂便结束了与徐州印染厂的业务关系，而逐渐走上了业务员跑市场销售的路子。

"和徐州印染厂的业务联系，大约保持了两年左右吧，刚开始还行，现款，后来弄了一段时间，那个厂子就不大行了，款也不现成。后来送了货去也要，送了就要，但是就是要不到钱，欠了很多，到最后没办法返回布来顶账。返回那些布来咱也不好处理，以后就不和他们来往交易了。后来，人家有专门上门来拉布的，就织市场布了。市场布当时还现钱，没欠账的。"（董某华，2012 年 8 月）

我们从丝织厂产品的销售渠道来看，在设立之初，虽然是以新联系的业务为名，但由于关键经办人的离开失去联系之后，最终仍然想到的是 M 镇织布业史上走出去的人脉资源，才使得丝织厂能够站稳脚跟，建立基础拓展别的业务。

乡镇丝织厂在转做市场布业务的过程中，由于当时利润较高，吸引了一批人加入了织布业。在后来出口韩国布匹的业务中，有时业务量较大而时限紧凑，丝织厂独立完成任务比较困难，就将业务拆分分包给了周围的个体小加工户一起合作生产，这样在共同合作完成外贸合同的过程中，很多小加工户都仿效先例，加入织布行业。这就是乡镇丝织厂带动的 M 镇织布业扩散，也是 M 镇织布业复兴的第二个源头。我们看 M 镇织布业发展的这两个源头，一个是从生产队社队企业开始并向外扩散的一个群体，一个是以乡镇丝织厂为源头向外扩散的一个群体。两个源头发展成了两个织布群体，使得织布业的复兴从最初的策源地——M 镇中心村的眉村逐渐扩散到了镇政府周边的村子，形成以镇政府为中心，以周边前邓村、后邓村、罗都屯、王家庄、驸马营等村庄为周围的织布圈。在 1994 年左右，全镇的织布户只有三四十家，织布机数量也只有 1000 多台。

四、M 镇织布业复兴后的发展形态：以家庭作坊式企业为主

20 世纪 90 年代时，M 镇织布业的发展形态主要表现为两种形态，一种是乡镇企业为代表的科层制式企业形态，一种是个体小加工户为代表的家庭作坊式企业形态。

科层制式企业形态的乡镇企业通常表现为具有严格的规章管理制度和正式的科层结构，它能够实施有效的计划、组织和控制，从厂长、副厂长、车间主任到工人的层级组织结构能够使得决策和执行各个环节分工明细、主次分明，所有人员都能够按照任务和工种固定在岗位上，它便于组织众多的人员完成较大规模的任务。

"我在镇办企业丝织厂的时候，俺厂里一共 12 台织布机，36 个人，就这 36 个人里面就有厂长、副厂长、现金、会计、保管、车间主任、传达、挡车工、维修工、做饭的、司机，什么都有，真是麻雀虽小五脏俱全。分工明确，管干什么的光管干什么，那时候无论是接徐州印染厂的活，还是接韩国外贸的活，只要来了活，接下来干得还是很快的。如果合同太大了，接下来就分给小加工户干。"（董某华，2012 年 8 月）

科层制式企业形态的乡镇企业里由于监管不严，经常会出现管理不善的情况，表现为管理层上人员冗余、人浮于事、贪污腐化，工人有吃大锅饭心态、缺少积极性、偷拿拐带以及严重浪费等特点，整体表现效益并不很高。

"你想想，12 台机的小厂子，36 个人管着，拿到现在来说，个体户也比那时候的镇办企业设备多，用得着那么些人么，这不是严重浪费么。刚开始办厂的时候干得还很好，后来慢慢地，监管又不严，上边叫厂长承包着，一年向镇里交多少利润，剩下的就分了，贷款是镇政府的信用，想贷多少贷多少，利润少了就少交，利润多了就多交，他们厂长和镇政府的整天下馆子胡吃海喝，利润就没高的时候，没利润就不交。那个时候，厂子效益还好，领导的亲戚都往里塞，进去谁也没敢管的，不敢也撵不出来。干活的人看着厂长这样，

他们也不认真干，看着好东西就偷着往家带。就这样，厂子怎么能好了呢。以后，镇办企业改制的时候，就一下子改了，谁也没贪恋那个厂子的。"（董某华，2012 年 8 月）

家庭作坊形态的个体小加工户并不像乡镇企业一样能够轻易从银行取得贷款，一般都是采用家庭积累的资金或者从亲朋好友处取得，由于资金少，只能经办一个规模较小的加工作坊，内部安装 4~8 台织布机，实行家庭协作，没有明确分工，夫妻二人掌管整个作坊，很多家庭的子女辍学与父母一起经营作坊，作坊内所有环节如购买原料、织布、维修、卖布全都由家庭成员包办。随着家庭积累增多，作坊规模不断变大，需要的织布工人也要增多，这时作坊主就要雇佣工人一起劳作，但是仍然没有形成与科层制式企业类似的规章管理制度和组织架构。

"我在丝织厂干过，他那时 12 台织布机用着 36 个人，我现在是 40 台织布机，就俺两个人管着这么一大摊子，雇着一个保全管维修，12 个挡车工管织布，一个挡车工能看 10 台织布机，八小时，三班倒。这样雇的工人谁也闲不着，还挣钱多，都愿意。咱就光管织布，进棉纱、浆纱都是人家谁送过来，卖布也不用出去送，平时出去就是沟通一下信息。我安的机算中等规模的，那些安机少的，以前有梭织布机的时候，没钱的安 4 张机，两口子在家干，老婆看机织布，男的干保全，还有挂布、打泸沽都不找人。慢慢的钱多了，就再安 4 张机，老婆干不过来了，就雇个人，很多人都是这样干的。那些现在织布机多的，刚开始也不多，就是这样发展起来的。"（董某华，2012 年 8 月）

家庭作坊形态的个体加工户由于以利润为先，并不像乡镇企业一样是不管有无订单、效益好坏常年经营的，而是根据市场行情好坏而随时开停的，即使产品附加值低，只要有利润就照常经营。

"咱这里用的织布机大部分是大工厂淘汰下来的旧设备，大工厂再用老设备干利润附加值低的老品种，就不敢干了，他们人力成本那么高，干同样的产品怎么能和个体化竞争呢，这是无法想象的。

"纺织市场起伏不定，一年之中有淡季和旺季，淡季能占大半年，旺季能有小半年。大多数时候淡季也得干，稍上点规模的企业有时候赔本也不能停，停了再重新找人也不好找了，实在是到了最不好、亏得太厉害的时候了，才停上一两个月，给工人放假。放这么长时间的假，这在大厂里是不可能的事。咱就是个体户，有了利润就干，没利润就停着，沾了个'船小好调头'的好处。再就是小作坊比较灵活，织品种布的时候，看着别人织什么布挣钱，咱也赶快织什么布，大厂子顾虑就多了，又是任务订单，又是技术不到位，申请审批之类的比较麻烦。"（董某华，2012 年 8 月）

1997 年，M 镇乡镇企业改制，丝织厂由个人承包经营，逐渐转变为民营工厂。从此，科层制式企业形态的乡镇企业在 M 镇彻底消失，全部转变为个体、民营工厂，改制之后的织布工厂也将原来的规章制度和组织架构重新调整，精简人员、淘汰多余的环节，一切都按照效益和利润的目标经营，整体经营管理上也趋向于个体家庭作坊式的家长制管理，决策、执行、财务、业务联系等全都掌握在夫妻二人手里，雇佣的工人仅仅止于生产环节。从整体上看，M 镇织布业绝大多数表现为家庭作坊式的中小企业，虽然随着织布业的发展，也有少数规模较大的民营企业,但是并没有发展出超大规模的现代化大公司，即使发展到后期这种经营模式仍然没有较多的变化。M 镇织布业的发展形态，J 街道的调查报告[1]中是这样写的：

产品单一低端，生产设备落后，产品附加值低，只挣加工费……

无大的龙头企业带动，整个产业发展前景迷茫。目前所有的纺织企业都是中小或者家庭作坊式的，没有自己的市场、产品销路、品牌。一旦有什么型号的布快、利润还行，便一窝蜂地都上，紧接着自己便相互竞争压价、压货、赊销……

缺乏资金和政策支持，发展缓慢……

管理上自我要求不高。基本上所有企业目前全是家族或家庭式管理，男主外女主内，孩子亲戚管车间，用工上也非常不规范，并且一旦人员紧张便

---

[1] J 街道经委，J 街道纺织行业调研，2011 年 9 月。

互相挖墙脚，竞争人员……

我们从 M 镇织布业家庭作坊式企业经营的形态中，可以看出它里面带有 M 镇传统家庭纺织业的影子，家长式管理、家庭分工协作、专注于织布赚取加工费、商品化生产等等，正如一位业主说的："俺家织布已经好几辈子了，一个是文化传统延伸，再一个就是追求织布，老辈人都说'纺线织布发不了大财，折不了大本，平平稳稳，是个养家的营生'。"（辛某玉，2012 年 8 月）几十年的发展过去了，M 镇织布业即使从传统家庭手工纺织业走到了今天的现代织布业，实质上还是一种家庭工业经济形态，没有褪去原来家庭织布业传统的痕迹。

M 镇先前的纺织业历史传统赋予了当地人们关于纺织业的历史意识，影响了人们后期创业的选择偏好，即是在初步择业时就偏向于选择纺织业作为发展行业。历史意识和选择偏好决定了纺织业在 M 镇被选择，而 M 镇人们利用与产业历史有关的社会关系网络，不但使得纺织业得到了复兴，而且还实现了技术变迁，使 M 镇纺织业走上了现代纺织业的道路，这为后期织布业发展壮大并形成产业集群打下了坚实的基础。然而，从实际发展历程来看，如果没有外界环境变迁引发的更进一步的技术变迁对 M 镇织布业的推进作用，它很可能就在这样平平淡淡的状态中永远保持下去，既不会很快消失，也不会获得较大的飞跃。因此，正是这个时期 M 镇织布业的复兴，为后期发展成为纺织业快速发展以至形成产业集群奠定了基础。如果从 M 镇现代纺织产业集群的整个形成历程来看，我们甚至可以说这个阶段是产业集群的萌芽阶段。

第四章　M镇织布业的快速发展：技术变迁与技术刚性的发挥（1995—2000年）

　　本章主要分析M镇织布业如何利用特殊的机遇改革形成技术变迁，并且迅速发展获得规模优势和竞争优势，成为区域主导产业的。

　　M镇织布业在两个源头的带动下出现了复兴的情况，这是后来M镇织布业发展壮大成为主导产业的一个坚实基础。这时的M镇织布业的发展比较平淡，表现为企业数量少，范围不广泛，所做对外业务对象不固定，产品品种杂乱，在国内生产格局上也并未具有多少影响力。20世纪90年代中后期国内掀起的纺织业改革给M镇织布业带来了一个新的发展契机，正是国有纺织企业淘汰的落后织机被转移到M镇才形成了一个统一的宽幅布生产市场，而在宽幅布生产市场的促动下，M镇织布业迅速扩散，其宽幅布生产规模优势和竞争优势越来越大，渐渐发展为"江北第一宽幅布市场"[1]。"技术转移"是相对于M镇和其他地区来说的，"技术变迁"是M镇内部相对于原来落后的技术设备来说的。宽幅织布机指的并非是一种新的技术设备，而是一种从国有大工业淘汰出来而相比本地来说又比较先进的设备，正是这种设备（宽幅织布机）的引入，才引发了M镇织布业的大跨越式发展，也因此才有了后来的纺织业产业集群。因此，研究M镇纺织业的迅速成长以至具有比较大的规模优势和竞争优势，就需要从外界环境——中国纺织业的改革开始，具体考察技术是如何转移到M镇的，技术变迁是如何很快地在M镇传播扩散开来的，

---

[1]　这种称号并无明文记载，是笔者在调查走访过程中从众多业内人士口中听到的说法。

以及技术转移又是如何引发特定产品市场转移的。

一、纺织业改革：国有企业"限产压锭"与技术转移

改革开放后，我国纺织行业经过数十年的迅速增长，对我国经济增长和就业发挥了积极的作用，成为我国国民经济的重要组成部分。与此同时，我国纺织品市场也结束了短缺时代的特征，逐渐实现了从卖方市场向买方市场的转变。然而，这种转变主要是在一种数量扩张基础上的转变，即是大批规模小、技术设备陈旧、管理水平低和产品质量差的中小企业追逐市场利润蜂拥而上促成的结果。纺织业的盲目扩张，尤其是中小企业的数量急剧增长，加剧了企业间的过度竞争，国有、私营、个体等各种经济成分的企业互相之间争原料、争市场，中小企业通过压缩成本、降低价格等手段日益挤占着国有纺织企业的利润空间，造成国有纺织企业效益不断下降。同时，由于长期受计划经济体制的影响，国有纺织企业在思想观念、技术设备、经营机制和管理体制等方面都不能适应市场经济的发展，而且随着技术装备水平的不断提高，冗员过多和离退休人员日益增多的情况促使企业成本不断提高，严重制约了国有企业市场份额的扩大和结构的调整，这些情况导致我国纺织业的生产过剩问题和结构性矛盾日益凸显。国外市场的萎缩也使这一情况进一步加重，制约了我国纺织业的健康顺利发展。

到了20世纪90年代，纺织工业结构性矛盾进一步加重，呈现出衰退的趋势，国有纺织企业也遇到很大困难，集中表现为效益连年下降，全行业亏损严重。具体表现则是大量国有纺织企业连续七年亏损，自1993年起就出现行业性亏损，逐步陷入严重的发展困境，1996年预算内国有企业盈亏相抵后亏损89亿元，企业亏损面达54%。到1997年仍亏损45亿元，纺织工业成为全国工业中最困难的行业[1]。究其原因，我国纺织工业的这种产能过剩和

---

[1] 1998：中国纺织总会撤销　国家纺织工业局成立 [EB/OL]（2008-10-12）. http://news. ef360.com/Articlesinfo/2008-10-12/199566.html.

结构性失衡的矛盾是由多年以来的粗放型增长战略导致的。针对这种情况，我国早在 1992 年就制定了压锭改造、调整结构的规划，计划压缩 500 万棉纺锭，1994 年制定了到 1998 年末全部淘汰 1000 万陈旧落后纺锭的规划，1995 年又制定了"东锭西移"的规划，试图通过压缩总量来调整产业的结构布局，把低水平的生产能力从发达的中心城市和沿海城市转移到中西部地区，利用当地廉价的劳动力和丰富的原材料优势，实现纺织工业的新发展。国家实施压锭改造的政策，虽然从总体上对纺织工业的整体布局和产品结构进行了良好的规划，但由于实施过程中缺乏严格的监督制度，政策也没有始终贯彻下去，以及一些地区在地方利益的驱动下，出现一边压、一边涨的情况，继续新增棉纺锭生产能力，从而使得这次压锭改造的效果大打折扣，全国纺织行业的棉纺锭并没有得到有效压缩（胥和平，2000）。从 1992—1996 年，纺织工业实际压缩 465 万锭，同时又新上了 444 万锭，整体上看仅仅缩减了 21 万锭（中国社会科学院工业经济研究所，1999），这远远没有达到国家通过压锭改造调整纺织工业生产过剩和结构性矛盾的初衷。

20 世纪 90 年代，中国国有企业并非只有纺织工业面临产能过剩和结构性矛盾的情况，而是遍布很多行业，国家决定对国有企业进行改革。1997 年 5 月 23 日，国务院发布《关于 1997 年国有企业改革与发展工作的意见》，要求把国有企业改组改造和加强企业经营管理紧密结合起来，抓大放小，做好国有企业减员增效、下岗分流、规范破产、鼓励兼并和再就业等工作，使国有企业扭亏为盈，走出颓势。而在所有行业的国有企业中，纺织国有企业困难最为严重。1997 年，纺织行业国有企业困难加剧，亏损持续扩大。11 月初，时任国务院副总理的朱镕基在上海调研造成纺织国有企业的困难时，首次提出把亏损严重的纺织行业压锭、减员、增效作为国有企业改革和脱困突破口的构想。在 12 月 9 日召开的中央经济工作会议上，国家正式确定了"以纺织行业作为突破口，推进国有企业改革"的政策（王冰，2009）。因此，国家针对纺织业改革出台了一系列政策文件。11 月 3 日，中国纺织总会、国家计委、国家经贸委《关于认真做好棉纺锭压锭规划的通知》，要求在"九五"

后3年内坚决压缩淘汰1000万锭落后棉纺的生产能力，同时要求压锭规划采取"先沿海，后内地，先城市，后县城"的原则逐步推进，最后文件还就各省市纺织企业进行了具体的指标规划。

1998年2月5日，中国纺织总会成立压锭调整扭亏工作领导小组，统抓全行业压锭、企业兼并破产、再就业和扭亏为盈工作。2月27日，国务院下发《关于纺织工业深化改革调整结构解困扭亏工作有关问题的通知》（国发〔1998〕2号），提出了纺织工业深化改革、调整结构、解困扭亏工作的主要目标和指导思想。主要目标是，从1998年起，用3年左右时间压缩淘汰落后棉纺锭1000万锭，分流安置下岗职工120万人，到2000年实现全行业扭亏为盈，为实现纺织工业的产业升级和振兴奠定基础。文件提出的总体指导思想是，要全面贯彻"实行鼓励兼并、规范破产、下岗分流、减员增效和再就业工程"的方针，以压缩淘汰落后棉纺锭为手段，以国有纺织工业企业集中的城市的企业结构调整为重点，妥善分流安置下岗职工，坚定不移地走"压锭、减员、调整、增效"的路子。

为了做好压缩淘汰落后棉纺锭工作，按照国家计划，每压淘汰落后棉纺锭1万锭给予财政补贴300万元，中央财政和地方财政各补贴150万元，同时安排银行贴息贷款200万，用于纺织工业开发新产品、调整产品结构、兴办第三产业和分流安置下岗职工等。压缩淘汰的落后棉纺锭设备，由纺织工会负责监督回炉销毁。国发2号文件是纺织工业改革、结构调整解困扭亏工作的纲领性文件。为全面贯彻落实国务院2号文件，国家各有关部委陆续出台了有关配套措施的文件，这些文件包括：国家计委、国家经贸委、中国纺织总会发出的《关于印发〈全面压缩淘汰1000万落后棉纺锭和分流安置职工规划实施意见〉的通知》（纺计〔1998〕4号）；劳动部中国纺织总会《关于做好纺织行业压锭减员分流安置工作的通知》（劳部发〔1998〕37号）；对外贸易经济合作部《关于下达纺织自营出口生产企业1998年度纺织品被动配额的通知》（〔1998〕外经贸管纺函字第70号）；财政部、国家税务总局《关于提高纺织原料及制品出口退税率的通知》（财税字〔1998〕27号）；

国家经贸委、财政部、中国人民银行、中国纺织总会及五家专业银行总行《关于落实纺织压锭银行贴息贷款的通知》（国经贸经〔1998〕154 号）；中国纺织总会《关于印发〈关于淘汰报废落后棉纺锭监销办法〉的通知》（纺计〔1998〕21 号）。同时，全国企业兼并破产和职工再就业工作领导小组对 1998 年《全国企业兼并破产和职工再就业工作计划》编制中有关纺织行业的政策，也都在文件中做了具体规定[1]。

为了贯彻落实中央的政策和文件，全国许多省市都出台了相应的对策实施方案，对辖区内的棉纺织企业制定了限产压锭的目标，通过一系列的财政、税收和货币政策，对纺织工业进行了以"压锭、减员、增效"为内容的大调整。经过调整，到 1999 年底，我国国有纺织工业累计完成压缩落后棉纺能力 940 万锭，分流安置人员 140 万人，实现净利润 8 亿元，结束了自 1993 年以来连续 6 年的亏损局面，大约有 200 户扭亏无望的国有企业通过兼并破产体面安全地退出纺织业（苏恩，2004），提前一年基本实现了国有纺织企业改革和脱困的目标，而且取得了重大突破，不仅抑制了棉纺织业低水平重复建设和产能过剩的情况，而且对我国棉纺织行业的发展起到了巨大而积极的推动作用。国家这次对国有纺织工业的限产压锭并非仅仅是淘汰落后设备和缩减生产能力，而是将淘汰落后产能与技术设备更新换代相结合，通过控制总量以实现纺织业行业结构和产品结构优化，最终提高国有企业竞争力。为了巩固这次压锭政策的成果，防止棉纺行业再度发生重复性建设，促进棉纺行业健康发展，2000 年 5 月国务院《关于严格控制新增棉纺生产能力的规定》（国发办〔2000〕40 号）和 2001 年 3 月国家经贸委《关于严格控制新增棉纺生产能力有关问题的通知》（经贸委〔2001〕285 号）的出台加强了对新增棉纺生产能力的限制。

1997—2000 年，国家对国有纺织企业进行调整，压缩了棉纺织生产能力，缓解了产能过剩的问题，改变了棉纺织市场供过于求的局面，优化了纺织市

---

[1] 《国家纺织工业局关于贯彻落实国务院国发〔1998〕2 号文件及相关配套文件精神的通知》，1998 年 4 月 1 日。

场环境和释放出了更大的市场空间。然而，随着棉纺织市场的复苏，市场需求加快，被行政控制的国有纺织企业遵循国家法令不能及时增加生产能力，延误了抓住市场的机会，而且国有企业改革脱困过程中也退出了不少企业，这些都为民营经济、私营经济留下了巨大的发展空间。

国家实行限产压锭政策，究其实际只是适用于国有企业，只能在国有纺织企业内部施行，对非国有企业不但控制力度不足，而且也不提供各项政策和贷款优惠，因此，非国有企业的增产以及继续使用旧式设备是不会受到压锭政策约束的。正如 1997 年 11 月 1 日，朱镕基副总理召开上海市、山东省、浙江省、江苏省和有关部委负责同志的座谈会，就纺织工业压锭改造问题做重要批示时，他谈道："乡镇企业不在压锭指标内，用行政命令很难压锭，但不允许再增加纺锭。要做到这一点，一方面可以在纺机生产上把关，另一方面国有企业的锭子不许转移，要敲掉。"[1] 实际上，对国有企业的旧设备不许转移、要敲掉的做法很难做到。在纺织压锭工作开展过程中，国家虽然明令要求对淘汰下来的旧设备实行监督核销，但一些地区和企业仍然存在着擅自买锭、卖锭、转移、串换等弄虚作假的情况。在 1998 年上半年时，国家经贸委就接到 40 多起举报案件，如，有的将棉纺锭转移到私营企业，有的擅自新增纺锭，有的与乡镇企业置换旧设备，有的私拆本该销毁的关键部件等严重违纪情况（彭嘉陵，1998-7-20）。为了杜绝类似违纪事件的继续发生，1998 年 7 月 8 日，国家经贸委员会出台了《关于严肃纺织压锭纪律、严格纺锭监销程序的紧急通知》，加强了压锭工作的组织和监督工作，包括要求各省市建立责任人制度，压锭工作组和国家纺织工业局派遣联络员严格按照监销程序办理监销手续、把关各个环节等。从后期的实际情况来看，该文件的出台也并未收到很大的效果，从发达地区淘汰的旧设备，还是有很多又被转

---

[1]　朱镕基副总理谈纺织工业压锭改造问题 [J]. 纺织导报，1997（6）.

移到了欠发达地区[1]。最典型的例子就是山东魏桥集团[2]和江苏华芳集团，魏桥集团在国企压锭的同时，它却利用旧设备实现了超常规的加速扩张发展，从 1998 年的 30 万锭扩增到 2003 年的 300 万锭，成为当时世界上最大的棉纺企业（苏恩，2004）。

限产压锭政策并非只是针对旧式棉纺锭，而是对国有纺织行业中的所有旧式设备全部实行技术设备更新换代，以达到发达国家的纺织业水平。实际上，许多从国有企业中淘汰的旧设备相比民营、私营经济中正在使用的设备来说，仍然显得"先进"，因此很多淘汰下来的旧设备就被违规操作转移到了欠发达地区以及一些民营私企经济中。经过棉纺压锭，纺织工业内行业结构和体制出现了巨大和深刻的变化，许多民营企业、私营经济等非公有制企业借着纺织市场出现的新的需求空间，利用从发达地区淘汰的旧设备实现了规模和数量的扩张，已经占到全行业的 70%（洪海沧，2004），占领了巨大的市场份额，获得了较快的发展，以至成为地方经济的支柱。M 镇织布业也是趁着国家限产压锭政策的实施，利用从国有纺织企业中淘汰下来的旧设备实现了一个较快的飞跃。

二、技术转移之"捎客"："机贩子"与技术转移

20 世纪 70 年代—90 年代初，M 镇在承接历史传统和利用产业社会资本的基础上已经发展起了现代纺织业，使用的设备也是先前国有纺织企业淘汰下来的旧织机，但因当时的纺织市场环境和织机型号混乱的原因并未形成一个专门的生产市场，因此当时 M 镇的纺织业仅仅如同星星之火，并未能形成累积优势而获得较快发展。

当 20 世纪 90 年代国企开始"限产压锭"淘汰旧设备时，M 镇在贩卖织机从业者的活动下从国企转移过来了很多宽幅织布机（也是技术转移），将

---

[1]　襄樊市纺织工业协会.关于赴河南郑州、山东滨州学习考察的情况报告 [R]. 2007.

[2]　中国纺织网专稿.棉纺业隐忧："巨无霸"企业垄断市场产能过剩苗头出现 [EB/OL]（2006–4–21）.中国纺织网，http://www.fz365.net/news/display_35133.html.

原来型号相对杂乱无章的织布机更换，M 镇织布业缓慢地向前发展着。随着 1997 年国家对国有纺织企业下达限产压锭政策时加大纺织工业改革力度，M 镇赶上了这趟顺风车，大量的宽幅织布机被转移了过来，生产规模迅速扩大，M 镇由此获得了生产上的集聚优势。贩卖织机从业者主要是指当地一些专门从事贩卖织布机的人，他们从别的地区将织机贩运过来，在本地销售，或者将本地的织机贩卖到外地，这些贩卖织机从业者在当地被称为"机贩子"（下文统一用"机贩子"指代那些贩卖织机从业者）。"机贩子"对外界纺织市场环境变化具有敏锐的洞察力和感知力，能够及时抓住时机在全国范围内从事贩卖织机的业务。国有纺织企业限产压锭淘汰下来的旧设备有的被转移到 M 镇，这必然离不开其中起到关键作用的这些"机贩子"们。本节主要考察"机贩子"群体，以及他们是如何将过期淘汰的旧设备转移到 M 镇来的。

（一）早期的"机贩子"群体

早期的"机贩子"，既从事纺织又参与贩机业务，他们购买织机的主要目的是自己使用，在外出采购自己所用旧织机的时候，或者受别人委托采购，或者购买到之后由于各种原因又将没有使用的多余的织机转卖给别人。他们大都成长于 M 镇的社队企业时期，早年在社队企业中从事过管理工作或者做过业务员，经常外出且见多识广，头脑灵活，个人能力较强。在 20 世纪 80 年代国家鼓励个体经济时，他们则从社队企业中分离出来，从事个体织布业。在 90 年代初 M 镇织布业扩散时，他们注意到织机的潜在需求，在外出购买织机的过程中，顺带着做过贩机业务。

一位织布企业主向笔者说起这些早期的"机贩子"：

"咱 M 镇里眉村人贩机最早。咱 M 镇后来织布又重新兴起来的时候，就是先从眉村起来的，北眉村一大队一小队开社队企业的时候，他们经常出去跑业务，和那些大国营厂弄熟了，一些零件、旧设备什么的，弄回来自己使。后来社队企业承包了，原先合伙的分出来好几家，个人自己干织布，他们出去买设备的时候一开始是出去买机自己使，后来别人看着他们挣钱也想干，又没有买机的门路，就央求他们给打听，有就给捎着。这样叫他们给捎得多了，他们看着倒弄织布机也比较挣钱，就一边在家里织着布，一边有空的时候就出去贩机。"（董某华，2012 年 8 月）

笔者采访到一位早期从事过贩机业务的个体织布加工户，他是属于 M 镇较早从事织布业的一批人里面的，家里兄弟几个到现在依然都从事织布业，对 M 镇织布业的整个发展都比较熟悉，而且亲自从事过贩卖织布机的业务。他回忆起他贩机的过程说：

"贩机没有比我早的，俺队里的织布机都是我倒弄来的。社队企业时候，就是俺爸爸和 ××× 一起合伙干的，俺好几个先是从西安国棉五厂倒弄了 24 台织布机回来，后来个人让干了，俺给青岛的加工业务干得好了，俺自己又出去到处买的。那个时候，俺家里织布，俺爸爸在家里管着，俺弟兄五个，我是老大，就帮着俺爸爸干，以前我在潍坊染织厂里干过，和那里面的人熟，好多跑业务的事都是我出去，买棉纱、卖布、买件，青岛、烟台、威海、济南、德州、潍坊那些棉纺厂、织布厂都去过，也认识了一些人。

"以前咱买织布机买不到新的，国家都有批文，不让卖给个体户，咱只能去买些旧的用，这是其一，其二是旧机便宜，大厂里觉着不先进了，就淘汰了，咱弄回来照样用。后来在 1992 年的时候联系上韩国外贸业务，那个活用量比较大，于是就上了很多台织布机。俺村里 ××× 也跟着干开了织布，大约 1993 年俺家里干了一年多的时间，俺家老五就安装了 80 多台织布机。织布机都是从外地购买的，国营大厂淘汰下来的。因为我和那些国营大织布厂熟悉，认识的人多，这些织布机我到处打听着买回来的。俺家里用的是我买的，后来跟着俺干织布的那些使的织布机也是我买了捎回来的，从中多少赚几个钱。后来看着织布的多了，都不好买机，我就家里织着布，出去买机回来卖给他们，那会儿贩机不少挣钱。"（辛某玉，2012 年 8 月）

早期的"机贩子"大多活跃在 20 世纪 80 年代末 90 年代初 M 镇织布业复兴的时候，利用早先在社队企业时期外出跑业务与国营工厂建立的联系，从国营工厂贩卖织布机到 M 镇，他们贩卖织机的活动为 M 镇织布业的复兴起了很大的作用，随着M镇织布业的发展，他们或因年龄渐大活动能力不足，或因专注于织布，渐渐退出了贩机业的主流。他们贩卖的这些织机型号主要是44机、56机、63机、75机等窄幅织布机，与后期M镇织布业使用的宽幅布织布机是不同的，但是他们的贩机活动还是引领了后来者的加入，且后来者居上，为M镇发展成为宽幅布专业市场贡献了非常大的力量。

（二）后期的"机贩子"与宽幅织布机的转移

后期的"机贩子"，绝大多数只从事贩机业务，仅有一小部分是纺织与贩机兼营的，他们贩机就是把它当作一种职业，专门从事这种业务从中赚取差价。后期的"机贩子"由于较为年轻，没有过社队企业时期的织布业经历，他们是在早期"机贩子"的影响下跨入这个行业的，这些人年轻，闯劲足，头脑灵活，善于交际，懂得如何寻找市场信息，因此在贩机业务中逐渐顶替早期的"机贩子"成为M镇贩机业的主流，并利用开拓的各种人际关系逐渐将业务关系拓展到全国范围内。

"咱M镇眉村人是贩机最早的，但不是干得最好的。他们又织布又贩机，兼营的做得不算好。要说做得好的，就是他们之后起来的那些贩机的。现在来看做得最好的就是刘某宁和志华他们，他们就是看着那些'机贩子'贩机挣钱，他们也学着去做这个买卖，一开始没多少钱，就弄点零件回来卖，倒弄个一台两台的织布机，倒弄多了就积攒了钱了，因为他们专门贩机，所以说这个买卖就越做越大，有时候买卖大了，就联合着干。他们这些人年轻，又能闯荡，哪里也去跑跑、问问，有机就倒弄回来，后来附近的没有了，就全国开始出去跑。那个时候正是国家压锭的时候，很多国营大厂子都淘汰旧设备，他们不管是什么设备，纺纱机、织布机、泸洁车子、浆纱机、电机什么的，只要是和纺织有关的，他们就弄回来，最开始就是弄回来卖给咱当地，后来也卖给别地方，或者是咱这里不用的织布机再倒到外地去，反正是哪里有去哪里买，哪里要就卖到哪里去，来回倒弄着挣钱。"（董某华，2012年8月）

一位专门从事贩机业务的"机贩子"说：

"我高中毕业之后，没什么正经买卖做。你也知道，咱农村人不和城里人一样，就没个固定的活，总是这里干上几天，那里又干上一段时间，干完了一个活就再找个事做，不固定，跳来跳去的，看着什么挣钱就去做什么。大约在1996、1997年的时候吧，那会儿看着咱这里织机的越来越多了，觉着这个行当里面应该能挣钱，就参谋着进这个行当。我那时想，干什么好呢？开织布厂我开不起来，一是手里没钱，二是没经验，三是看着也不适合我这性格。贩棉纱，咱也没门路，没钱。本小的我又能干了的，想来想去，想到了织布上用的那个纬线管，织布厂里使纬线管使得很快，用不了多久就得替换，淘汰率很高。咱这里也有自己在家里用电刨子做纬线管的，买卖还行。我就想倒弄纬线管，工厂淘汰纬线管也很勤，一换就是一批，这一批里面有很多质量还不错还能用的，我就挑挑拣拣，好的就弄回来卖给咱镇上个人机房里使，坏了就卖了废品。陆续地，就开始倒弄一些大的零件回来卖，再后来就开始买织布机回来卖。

"倒腾织布机的时候，本钱大，一台两台的还好说，后来赶上咱这里买机多的时候，我也经常在外面跑，碰上大织布厂就进去问问是不是有旧机要处理。有时候赶上大厂大批量处理旧织布机的时候，我自己没那么多钱，就联合咱这里的有钱的一起去包下整个车间来，找汽车都拉回来。总之，倒腾织布机就这么一个过程，就是别人不要的，咱就买过来卖出去，就是当个贩子。全国旧机市场很大，国内这些旧织布机，都在国内来回倒腾，今天到了这个地方，明天说不定又从这个地方拆了卖到那个地方，说不定这同一批织布机在哪一天又回来了。都是跟着织布的市场走，一个地方织什么品种的布，什么型号的织布机就过来了。"（刘某宁，2013年8月）

刘某宁可能是M镇本地最有影响的"机贩子"，他专营贩机业，其业务可能在全国范围内都比较有影响力，据他自己所称已经加入中国纺织机械协会成为会员，定期参加协会的讨论，通过业务往来能够及时得知全国范围内的纺织机械市场信息，在全国各个地区调剂纺织机械设备的余缺。除了他们这些专营贩机业的"机贩子"之外，还有一些同属贩机行业，但又同时兼营织布业的"机贩子"，他们一般财力雄厚，在家里开办着大型织布工厂，因为业务广泛，产品品种随时更换，导致织机型号也经常多变，由此工厂里经常倒换各种设备。他们不会通过"机贩子"之手买取织布机让他们赚取较大的差价，而是自己出去联系卖家，买回来自己安装使用。在产品品种更换时，就将车间里的大批织布机卖掉，由于经常出现更换情况，他们也比较熟悉旧机市场，也经常会遇到大批淘汰的织布机，鉴于贩卖织布机整个过程简单、时间较短，赚取差价比较容易，因此他们也会顺手买下再转手卖掉。

"我以前是干铸造的，后来看着咱这里织布兴起来了，那两年铸造买卖不大好，就挑了铸造干了织布。我干铸造，赚了几个钱，因此一开织布厂，就不和别人似的几台，我一上就是好几百台，找'机贩子'让他们从中赚那么大的差价不合算，我就自己出去联系的。开始时候他们了解行情，我就给他们个信息费，我自己过去买。有时候他们包人家的大库底子的时候没那么多钱，也来联合我一起干过。后来我自己跑得多了，也就了解行情了。我现在开着好几个大厂，咱M镇一个，昌邑饮马镇那边一个，临沂那边一个，河滩镇一个，这么些厂用机多，都得自己出去买，我这些厂接着不同的品种，什么样的品种只能用什么样的机织都是一定的，因此我厂里的织布机各种各样的，44机、75机、230、250、280、320这些型号我都用过，宽的窄的经常换，换下来的就倒出去卖了。有时候我也参与贩机，贩机整个过程比较快，就是一锤子买卖，买下来卖了就是钱。织布不一样，织布需要棉纱、浆纱，从棉纱织成布，再卖了才能换成钱，过程时间长又比较繁琐。因此，出去跑业务的时候碰着合适的还是倒腾织布机。我有时候想想，我厂里经常换织布机，一换一大批，买进来不定什么时候就又卖出去了，不是'机贩子'也成'机贩子'了。"（董某发，2013年8月）

M镇后期的"机贩子"大都崛起于20世纪90年代中后期，一方面是受到M镇织布业勃兴的影响，另一方面也是国有纺织企业压锭带来的机遇使他们有了用武之地，他们先期很少有过织布的经历，甚至很多人是从别的行业转到贩机行业中去的，他们依靠个人的能力出去闯荡，将其他地区的旧织布机转移到 M 镇来，为 M 镇织布业的发展做出了很大贡献，M 镇日后成为专业的宽幅布生产市场主要就是得益于他们将宽幅织布机从外地贩销到 M 镇来的。

M 镇织布业从 20 世纪 70 年代发展到 90 年代前期时，一直使用的还是 44 机、56 机、63 机和 75 机等机型，只能织造窄幅布，因此这些机型被称为窄幅织布机。后期由于市场需求增加和宽幅布生产市场转移到 M 镇地区（见本章第四节），M 镇织布业需要大量宽幅织布机，"机贩子"们就将所贩销的宽幅织布机主要供应于 M 镇地区，而将收购到的或者本地淘汰的窄幅织布机再转移到其他地方。在"机贩子"的活动下，M 镇地区绝大多数的织布企业都将窄幅织布机替换成了宽幅织布机,而且宽幅织布机的数量也急剧增加，M 镇的织布业也获得了一个较大的飞跃。

三、规模优势：技术变迁与 M 镇织布业的快速发展

截至 1997 年 M 镇乡镇企业改制时，M 镇织布业的分布范围并不广泛，只是以两个源头缓慢发展着，范围也只是局限在北眉村、南眉村、驸马营、罗都屯、王家庄、前邓村等少数几个村庄，织布业在 M 镇影响并不大，也还未发展为 M 镇的支柱产业。宽幅织布机在 1995 年左右被"机贩子"大量引入 M 镇之后，不但促成了 M 镇织布业的迅速发展，而且也对其形成巨大的规模优势起了很大的作用。本节主要阐述了 M 镇织布业中宽幅织布机的扩散情况，以及技术变迁（宽幅织布机）即技术刚性得以发挥是如何实现的。

（一）技术扩散的总体情况

笔者在调查走访中获知，M 镇织布业的大发展是以 1995 年左右为时间点的。在 1995 年之前，M 镇基本上绝大多数是以窄幅织布机织布，只有少量的宽幅织布机,且范围也仅仅局限于原来的两个发展群体,也即是技术变迁（从窄幅织布机到宽幅织布机）之前的情况。从 1995 年开始，M 镇织布业实现技

术变迁之后，也就是宽幅织布机被大量地引入，使得织布业在M镇地区获得了迅速发展，以宽幅织布机织布的加工户从M镇原来的两个发展群体开始，一家"传染"一家，一个地方"传染"一个地方，织布业不断地扩散，逐渐从两个群体扩散到整个M镇地区，后来又向邻近的其他乡镇的村庄扩散过去。M镇织布业的扩散表现为织布机的数量急剧增长，从事织布业的加工户数量、乡村数目和从业人数也迅速增加。

　　由于M镇官方并没有相应的统计数据[1]，笔者根据走访M镇织布业中从业时间比较长的一些人的说法得知，M镇织布业在20世纪90年代前期和中期是一个很平淡的发展状态，大约从1995年开始，M镇织布业出现迅速发展，而后在2003—2006年左右出现一次波动，2006年之后保持着平稳发展。如果深入考察，M镇织布业的这种发展趋势是与宽幅织布机的数量增长相联系着的。M镇大约在1995年左右大量引进宽幅织布机，随着布匹市场的好转，宽幅织布机数量迅速猛增，M镇织布业也迅速发展，个体加工户数量和从业人数大量增加，大约在2003年左右M镇宽幅织布机数量达到峰值，也是M镇织布业最高峰（当地人称为"大红潮"）。由于纺织市场的波动情况，也影响到M镇宽幅布织布业的发展，M镇织布业大约在2003年左右，有过一次较大的波动。2003—2006年这段时间，宽幅织布机数量开始下降，M镇织布业也随着势头缩小规模，一些规模小、资本少、抗风险能力差的织布加工户开始为市场淘汰，从业人员也有所缩减。M镇织布业经过一个"沉淀"的过程，从2006年之后，宽幅织布机数量基本保持不变，M镇织布业也一直平

[1]　官方之所以没有相应的统计数据，原因主要有以下几个：一是与镇政府的统计标准有关，镇政府一般只统计规模以上的企业，对于规模以下的企业，尤其是个体的小加工户并不关心。M镇织布业绝大多数都是个体小加工户，镇政府并不知道到底有多少。二是纺织市场并不稳定，高低起伏不断，受此影响，一些规模小、资本少的个体小加工户可能一段时间内如浪潮涌来，一段时间则又烟消云散，数字很难固定，无法得出具体数目。三是M镇织布业的发展与镇政府是"无关"的，镇政府关注纺织业只与税基有关，由于M镇织布户众多，上级分配给M镇政府的税额很快就能完成，因此对于M镇究竟有多少织布户、有多少织布机他们并不十分关心。

稳发展，大浪淘沙，小加工户被市场淘汰之后，存留下来的全都是规模较大、资本较多和有较强抗风险能力的织布加工企业了，从业人员也基本保持在一个固定的数目。

下面是窄幅织布机和宽幅织布机的折线图，我们能够看出 M 镇宽幅织布机数量增长状况。从图 1 中我们基本可以看出，M 镇宽幅织布机数量的快速增长是同 M 镇织布业的快速发展基本保持一致的。

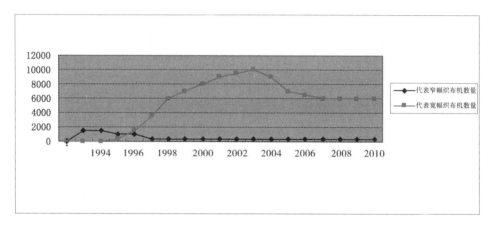

图 1 1994—2010 年 M 镇织布机数量增长状况
资料来源：此图是笔者根据调查资料所作。

在织布业中，我们能够根据织布机的数量大体估算出 M 镇织布业的从业人数。由于织布机的运作特性，4 台织布机需要 1 个挡车工，一天 24 个小时 3 个班次则需要 3 个挡车工，还至少需要 1 个维修机器的保全师傅，一些小织布加工户安装的织布机数量最少就是 4 台，其上则是以 4 的倍数递增。很多规模比较大的织布企业中织布机需要的挡车工数量也是如此推算的，只是可能需要较少数量的保全师傅。另外，为织布业服务的还有纺纱、浆纱、运输、掏缯、挂布、管理、打扫等多个环节也需要大量从业人员。从 M 镇整个织布业看，基本上是 1 台织布机需要 1 个劳动力的，因此有多少台织布机就跟着多少个从业人员[1]。

据业内人士估算，M 镇织布业在 1994 年左右，全镇两个织布业群体，他们绝大多数使用的是窄幅织布机，数量约有 1500 台，包括乡镇企业与个体加工户总共约有 30 家，从业人员 1500 人左右；1995 年，M 镇引进大约 300 台宽幅织布机，窄幅织布机数量有所减少，降至 1000 台左右，从业人员仍旧保持在 1500 人左右；从 1996 年开始，窄幅织布机继续减少，宽幅织布机不断增多，从业人员也随着增多。大约到 2003 年 M 镇织布业发展到顶峰时，全镇织布机数量大约在 10000 台，织布企业发展到 300 多家，从业人员达到 10000 人。M 镇织布业经过一个波动，2006 年之后，织布机数量维持在 6000 多台，规模较大的加工企业维持在 200 家左右，从业人员中的挡车工和保全数量由于织机更新换代，用工有所减少，不过全镇纺织业从业人员依然保持在 5000 人左右。M 镇虽然经过行政区划重新划分，但是织布业自开始发展至今始终存在于原来的老行政区划之内，M 镇原有行政区划内有 24 个大队，约有 15000 人，按现在的从业人数来算，能有 1/3 的人从事纺织业，不过实际上，这 5000 人中还有大量人口属于外来劳动力，除去这部分外来劳动力数量，本地从事纺织业的劳动力人口也至少有 4000 人。一个乡镇区域内竟然有接近 1/3 的人口从事纺织业，这是一个相当庞大的数字。

M 镇纺织业无论从区域内的企业数量还是从业人数来说，经过几十年来的发展，从一个少数人从事的行业发展成为一个规模如此庞大的产业，可以说它已经成了当地的一个主导产业。M 镇纺织业成为主导产业也是借着技术变迁的春风实现的，即宽幅织布机的大量引进使然。前面我们已经分析过，1995 年左右一些"机贩子"的贩销活动才使得宽幅织布机被大量引入，也才使宽幅织布机在 M 镇大量扩散成为可能。实际上，M 镇一些织布企业采用宽幅织布机还可以往前推，这也是 M 镇织布业采用宽幅织布机，或曰实现技术变迁的源头。下面我们转向 M 镇织布业使用宽幅织布机的具体扩散过程。

---

[1]　这种推算并不是笔者自己想出来的，而是业内有经验的人的说法，笔者走访过许多织布业主，基本上都同意这种推算法。

（二）技术的引入和扩散过程

M 镇织布业从社队企业时期大约一直持续到 20 世纪 90 年代初期，基本上都是使用窄幅织布机进行生产的，这些窄幅织布机按型号来说一般是指 1511-44[1] 机、1511-56 机、1515-63 机、1515-75 机等只能生产两米以下较窄幅宽的机型，后来才开始采用 230、250、280、330 等能够生产两米以上幅宽的宽幅织布机进行生产。虽然宽幅织布机在生产效率和布幅等方面都比窄幅织布机先进，但它的被引入也不是无缘无故的，那么，宽幅织布机是如何进入 M 镇织布业的呢？以及它在初期的扩散是如何实现的呢？这必然离不开当地的从事织布业主的社会关系网络。

M 镇织布业最早接触到宽幅织布机的时间大约可追溯到 1990 年左右，M 镇望庄村人董某成在"二十四公里"[2] 处设厂，购进 12 台 250 型织布机从事织布业，但不久之后即由于各种原因导致停产。真正引进宽幅织布机进行正常生产经营并引领 M 镇织布业的还是 M 镇的第一批织布从业者。关于这个源头，还是浆纱业从业者提供给织布从业者的消息。

"李某、王某义和王某江去青岛床单厂弄回一套浆纱机来，他们说那个床单厂倒闭了，有很多 280 宽幅织布机，你们不去看看弄回来织布吗。我们几个去看了看，就把 120 多台宽幅织布机运回来了。一个家里没那么多钱，就把想要的分了分，有多的有少的。"（范某坤，2013 年 9 月）

正如上面范某坤所讲，他们是从 M 镇的浆纱从业者口中得到的消息而将宽幅织布机引进来的。他们之所以愿意引进宽幅织布机，是因为当时他们采用窄幅织布机所生产的窄幅布市场日益狭窄，利润微薄，一直也有寻找新市场的打算。他们将宽幅织布机引进之后，拆除了原来部分窄幅织布机，使用宽幅织布机生产宽幅布，所获利润比较丰厚，这引发了他们自己大批量更换

---

[1] 窄幅织布机通常使用的是英寸型号，宽幅织布机则是实际的汉制计量单位。

[2] 即北眉村地界，309 国道旁，因从潍坊市沿 309 国道向东之二十四千米里程碑而得名。

宽幅织布机，同时也引发了其他织布企业更换宽幅织布机的潮流。

"当时那120台织布机进来之后，我24台，李某24台，王某10台，其余的有4台的，有8台的，还有些2台的。当时刚引进宽幅织布机织宽幅布，咱这个地方没市场，不好销，都是各人想办法，各人找各人的渠道。我在潍坊有个关系，要特宽幅布。咱这些280的机织的布都是特宽幅。特宽幅是潍坊织布一厂和床单厂用的，两个厂是分开的，织布厂大了之后，上面就想着收回去。这样呢，床单厂的特宽幅就不够用的，寿光那边一个印染厂就是专门给床单厂印染的，宽幅布不够，我那个关系就叫我给他织加工。织着很挣钱，一米布能挣两块钱。其他人也有些织合同布的，有些出去自己跑市场的，不过都挣钱。其他那些没用宽幅机织布的加工户看着俺们挣钱，就也跟着上了宽幅机。"（范某坤，2013年9月）

引进的120多台宽幅织布机被M镇的织布从业者瓜分了，他们位于M镇的各个村庄，他们在各个村庄都引发了其他人采用宽幅织布机织布。M镇早期织布圈子的辛某玉说："俺家从社队企业就干开织布了，后来一直没断过，不过用的一直是窄机，后来看着俺村李建枝安了宽机，坐在一起谈论，说比44机、75机挣钱，现在市场上缺这一块。我看着是个事，俺家也跟着换了一批宽幅织布机，也出去跑市场。"（辛某玉，2012年8月）

同为北眉村织布业群体中的辛某业说："以前俺这些户一起干着织布，不过都是用的窄机，后来我听说胜波家里安了宽机，就过来看看，问了问他宽幅布的情况，他说宽机织布比窄机挣钱，按他说的我也安了宽机，这一干就干到了现在，还是宽幅机。"（辛某业，2012年8月）

随着M镇织布企业主外出销售宽幅布的过程中与外界联系增多和宽幅织布机数量的增长，逐渐有外地布匹商人前来M镇采购宽幅布，在此情况之下，宽幅织布业在M镇的发展越来越迅速，很多人从别的行业开始转入织布业。宽幅织布机在这些织布从业者中的扩散渠道是不同的。由于人都有一个自私的心理，很多时候赚钱了并不愿意为外人知道，除非是关系比较亲密的朋友。

对于 M 镇织布业中的加工户们来说，圈子内外信息的流通也是不同的。辛某玉家族安装了宽幅织布机之后，赚取了较多的利润，引发了朋友圈子里的织布加工户也都改换成了宽幅织布机。但是对于那些跟他们没有关系、日常中也不打交道的 M 镇其他织布户们，一般情况下是不会直接去找他们问相关情况的。他们通过自己的渠道获知信息，也慢慢地换成了宽幅织布机。

"我和辛某玉不熟，平时也不打交道，贸然去找人家问情况，人家也未必说，关键是咱也不好意思开口。我换上宽机，主要是通过上门来买布的'布贩子'。咱这里那会儿虽然织布的不算多，但是经常也有'布贩子'来这里买布了，是'布贩子'告诉我的这些信息。有一次，一个'布贩子'来我这里买布，他到我车间来看了看，我那儿全是窄机，问我怎么不织宽幅布，宽幅布现在市场比较旺，收布收不着。'布贩子'走了之后，我留了个心眼，我也到处找关系问了问，他们也说现在宽幅布比较畅销，我这才安了宽幅机。"（何某某，2013 年 8 月）

"我是听着俺村里那些在北眉村织布厂里干活的工人说的，他们说老板安了 250 宽幅机之后，利润很高，不但利润高，'布贩子'来买布的时候，你没布不要紧，他们先交订钱，织出来这些布就是他们的。不和咱这织窄幅布似的，有时候好卖有时候不好卖的，挣得也不多。那些工人和我说了这么个情况之后，我也出去打听了下，回来就下决心安了宽机嘛。"（刘某文，2013 年 9 月）

用宽幅织布机织布首先是在 M 镇原有的织布加工户里出现的，由于他们生意红火，引发了同村人的注意，再加上织布厂工人们的宣扬，一些其他行业的人也纷纷加入了织布业，采用宽幅织布机织布。

"我以前干铸造，和俺村里那些织布的也比较熟，没事儿的时候经常在一起坐坐，说说买卖的事。大约在 1996 年的时候，我听他们谈起来最近织布比较挣钱，利润比以前高很多。他们说，干织布，不大费劲儿啊，织出来不难卖，工人也好找，剩下的就是管着工人织布就是了。我干铸造，都是自己出去跑业务，年头时好时坏的，一年一个样，不太稳定，有时候亏得厉害，于是我就转了织布。我一开始不入行，看着他们安了宽机，我也就安了宽机，跟他们说他们买料卖布的时候带着我，织布这行不难学，没什么技巧，很多人都是这么干起来的。"（王某栋，2013年8月）

　　大约在1997年、1998年的时候，M镇很多经济比较殷实的家庭受到宽幅织布机织布高利润的影响，纷纷加入了织布业。这种情况也刺激了很多在织布厂工作的工人。他们常年在织布厂工作，织布厂需要的技术、运作流程都比较熟悉，对织布业比一般人也更为了解行情，他们利用"机贩子"们贩销来的宽幅织布机也加入了织布业。

　　"丝织厂刚成立的时候，叫了我和俺父亲去干维修。丝织厂里当时培训的一大批工人，有的还是当着老师，有的看着织布买卖好，就回家自己安了织布机，很多是这样的。以后，在个人织布厂里干活的工人，也很多回家安了织布机。咱镇里，刚开始是家里有钱的看着织布是个景，后来没钱的也跟着干起来。红潮的时候，是个家里就想着安机织布，一般的都在织布厂里干过，开始没钱，就安个4台织布机在家里咣当着，老婆织布，汉子维修，孩子考不上高中了，也在家里干活，反正一家子就这样干。"（李某元，2013年8月）

　　到2000年左右，随着M镇宽幅布市场在全国范围内形成巨大影响，织布业已经扩散到了M镇的每个村庄，甚至也从M镇向外扩散到周边的一些村庄。M镇织布业采取宽幅织布机织布最先是由120台宽幅织布机的火种，引发了从业者的热情，在M镇慢慢形成燎原之势。在早期采用宽幅织布机的织布企业的示范影响下，他们的亲戚朋友、周边邻居，也都纷纷购买宽幅织布机加入织布业。宽幅织布机引入的几年时间内，不仅使M镇的织布业实现了扩散，还有了质的飞跃，M镇织布业从二三十家织布加工户组成的微小行业发展为规模达至上万台宽幅织布机、几百家织布企业在内的主导产业，规模优势非常明显，成为全国范围内非常有影响力的宽幅布生产基地，与邻近的昌邑纺织基地合称为"江北第一宽幅布市场"。

（三）技术刚性的发挥：历史意识与社会关系网络

M 镇织布业在短短几年时间内，迅速发展为具有巨大规模优势的宽幅布生产基地。笔者在调查过程中，询问一些织布业中比较有资历的从业人员，他们都说"眉村纺织业有今天如此大的规模就是自发形成的"。那么，是什么原因使得宽幅织布机这种在本地相对较新的技术设备实现如此迅速的扩散呢？宽幅织布机的技术刚性凭借什么在本地迅速发挥出来的呢？

笔者认为，一种新技术在一个行业内部是否被采用和采用的程度如何，并不仅仅受到它是新技术、能提高效率而得到人们的认可的影响。虽然技术代表的是一种效率性，但其能否在一个组织内部或者社会结构内部发挥应有的作用，即表现出它的技术刚性来，还要取决于组织或者社会结构是否采纳以及如何使用它[1]。宽幅织布机作为一种比窄幅织布机效率更高、性能更优良的技术，如果贸然采用势必存在着一定的适应性风险、市场风险以及其他不确定性，必然会阻碍人们放心大胆地去购买并使用这种技术进行生产。我们从 M 镇织布业发展的实践中，看到宽幅织布机被引入之后很快便扩散开来，不但在原来的织布企业内实现了技术变迁，而且还使许多原来从事其他行业的人员也进入织布业，这可以说是宽幅织布机的技术刚性得到了有效发挥。本书认为，宽幅织布机在 M 镇能够得到迅速扩散，使其效率刚性能够很快发挥出来，除了宽幅织布机能带来较为可观的利润之外，还主要与当地织布业发展赋予人们的历史意识和社会关系网络有关。

1. 历史意识与技术刚性的发挥

宽幅织布机大规模地扩散，必然与整个宽幅织布机进入 M 镇织布业的早

---

[1]　比如上海大学黄晓春博士（2008）在研究技术与组织的关系中，讲到信息技术植入政府部门运作的过程不会因为其具有较高的效率性就能很快被无条件地采用，两者之间存在着一个碰撞与融合的过程。信息技术植入技术与组织的过程是一个历时性的具有很强实践情境特征的"连续谱"，即必须经过一个技术定型期、技术扎根期和技术成熟期的过程，在这个过程中，技术刚性的发挥会受制于组织结构的制约。

期发展经验有关。早期采用宽幅织布机生产的织布企业在经营过程中所经历过的各种挫折、失败，克服困难后赚取的较多的利润以至收获的成功果实，都为后期进入纺织业的人们提供了一种经验范例，也使人们耳濡目染、潜移默化地形成了进入织布业就采取宽幅织布机生产的意识框架。我们在本章第二节阐述了宽幅织布机早期进入 M 镇和初期的扩散过程，实际上早期采取宽幅织布机进行生产的织布业主们的发展历程不只是意味着简单的生产上的技术变迁，其实还意味着更多的东西，这些看不见摸不着的东西渐渐汇聚成为当地人们的一种历史经验意识。这种历史意识的出现是一个缓慢的发展过程，它是随着人们从最初不知道宽幅织布机，到渐渐有所听闻，再到最后普遍谈论而形成的。

1990 年董某成引入宽幅织布机进行生产，除了少数人知道之外，大多数人对于它是一种什么样式的机器或者有什么效率和性能是不关心的，认为它是存在于自己生活之外的东西。早期织布企业正式引入宽幅织布机进行生产时，对它的了解、对它的使用和对它所拥有的发展潜力也只是存在于早期的两个织布业群体中的共识，对整个地区来说那就是一小部分人的话题或者小群体意识。早期织布企业采用宽幅织布机生产由于没有形成特定的市场，没有固定的客户，生产的性质类似游击，给人形成一种零零散散的、单打独斗的印象，在别人看来也处于一种神秘状态，除了他们特别的亲友之外，很少为外人知晓具体的情况。虽然外界也流传着他们开办织布厂赚钱的消息，但大多数人依然对他们保持着一种"远观"的态度，对这些织布厂的日常生产运作、采取何种机器进行生产、市场行情如何完全没有头绪，更别说采用宽幅织布机亲自去开办织布厂了。尽管在 1995 年左右 M 镇织布业中宽幅织布机的数量已经颇具规模了，但这种意识仍然局限在一个小圈子里，即早期织布业主和依从他们新进入此一行业的业主。他们在经历了几年的宽幅织布机生产运营之后，已经具有了一定经验积累和相对固定的市场销售渠道，使他们自身从最初的应对宽幅织布机生产上的技术缺乏、熟练工人较少、原材料购买和产品销售方面的困难中慢慢地走向成熟,变得能够轻松应对各种情况,使得企业走上了正轨,并能够在布匹市场上获得较多的利润。由于他们的财富积累迅速和企业规模扩大较快,这便使他们开始走入人们的视野,成为人们茶余饭后的谈资,他们开办织布厂的运营经历和所采用的机器类型,以及与机器类型相关的产品市场行情就逐渐为人们猜测、打探,以至通过各种关系接近那些织布业主去了解真实情况。这种情况逐渐引起更多人的重视,也吸引了更多的人慢慢走近织布业,也更多地了解了各种织布机类型以及宽幅织布机赚取利润潜力较大的情况。可以说,正是早期织布业主们采用宽幅织布机进行生产的历程给当地人们留下了这样一种历史意识,激励着人们采用宽幅织布机开办织布厂。

"现在咱这地方已经是一个比较成规模的织布基地了,无论是谁都对织布的情况多多少少有了解,尤其是用宽幅机织布,基本上成了咱这个地方人的一个常识了。我干织布也是1999年的时候才进来的,以前我对那个东西根本就不了解。光知道咱这里以前是个纺织之乡,但是改革开放之后一直有十来年的时间咱镇里也没多少家织布的,更别提人家用什么设备了,也不关心织布的事。后来慢慢地大街上就有人谈论起织布来,而且还传着某某人使宽机织布,一米布就能挣一块五到两块钱,那个时候就是相当挣钱啊,再后来又听着那些窄机织布的加工户都换成了宽机,街上的人都想着现在肯定是宽机是个潮流,效率高、市场大。1999年我安机的时候,那会儿咱这里这个织布氛围已经很浓厚了,从咱村里在外边厂子当工人的嘴里、从别的庄里过来的朋友那里,过年过节朋友们聚会的时候,都谈论这个织布什么情况。刚开始,我还没想着安机,后来看着安宽幅机的多了,我也自动地就想着去安宽机,窄幅机就没想过。虽然咱这里现在有宽机有窄机,但基本上是宽机,大潮流就是窄机向宽机转化,宽机里也是从有梭织布机向无梭织布机转化,就是无梭织布机也是从剑杆织布机朝着喷水织布机、喷气织布机转化,就是一个技术进步的过程。反正只要是一直有这个织布,就会一直存在着技术进步,

谁也阻挡不了。"（董某业，2013年8月）

从这个织布企业主的话中，我们可以看出，M镇关于宽幅织布机的意识是慢慢形成的。与很多人一样，他也是渐渐受到M镇本地渐渐兴起的宽幅织布机的意识的影响，才进入这个行业的。不仅如此，从M镇近些年来织布业发展史来看，就存在着一个技术设备不断升级换代的过程，而且他还对将来织布业的技术升级存在着很大的信心。织布业已经嵌入了M镇人们的生活中，社会生活和经济生活已经完全融合在一起了，关于织布业及其技术变迁的认识已经成了人们的常识，正是这个常识或者历史意识会影响到人们进入宽幅织布业。

2. 社会关系网络与技术刚性的发挥

宽幅织布机相对M镇织布业来说是一种新的技术，这种新技术的传播和扩散必然存在着某种程度上的不确定性。这种不确定性就意味着缺乏可预测性、结构和信息。任何人要进入一个行业，都不可能是盲目的，都首先要考察好这个行业的产业特性。M镇人们要采用宽幅织布机进入织布业，就需要考虑很多方面的问题，比如需要的技术、资本、收益和风险，他们对宽幅布市场缺乏足够的了解，盲目进入就存在着极大的不确定性，就会像最早进入宽幅布行业的董某成一样遭遇失败。

本章第二节中已经讲过，早期的织布业主们也都是通过各种关系网络获取了足够的市场信息才敢于采用宽幅织布机进行生产的，即使如此，他们也是存在着一个试探的过程，先部分更换，在尝到甜头之后才全部更换的，对他们来说，这几年的经验积累，尤其是他们对产品市场行情和购销渠道的了解对其他人来说就是一项值得保密的事情，不会轻易向别人透露。先前采用宽幅织布机进行生产的织布业主们迅速致富的情况，对其他行业的人们就产生了极大的吸引力。他们的"成功"就起到了一种示范的作用，引起其他人的模仿。然而，其他行业的人想要进入织布业，对运作织布企业缺少经验了解，也没有对产品市场行情的了解和对购销渠道的把握，不敢轻易贸然就进入织布业。我们在走访过程中发现，宽幅织布业在 M 镇的扩散和传播其实是沿着社会关系网络的形式进行的，类似于一种疾病的"传染"效应，在短时间内就会传遍整个乡镇。

"成功者"对社区内部的乡邻起了一个示范引领作用，效仿者要进入这一行业也并非完全没有障碍地进入的。他们虽然可以通过观察学习和模仿成功者，但是总是得依靠一定的网络获取行业的相关信息，等到有一个差不多的了解之后，才会也才敢进入。一般情况下，效仿者总是依靠社会关系网络模仿身边比较熟悉的"成功者"和获取信息，之所以从社会关系网络中的"成功者"那里获取信息，主要是出于社会关系网络产生的信任关系，这种信任关系能够确保信息传达的真实性和准确性，轻易不会产生虚假信息。由于他们与"成功者"之间的社会关系密切，"成功者"也愿意将信息透露给他们，这样有利于他们在经营过程中减少风险，增加确定性，也会增强对经营织布业的信心。

一个企业主说了他当初开办织布厂的情况：

"王某庆和我从小是一块长大的，初中毕业下了学，我就在家种地，他比较灵活点儿，出去跑小买卖，后来他干了织布，他那会儿干得比较早，也发展得比较快，现在来看在咱镇里也算规模比较大的了。我看着他一步一步从没钱到借钱到成了身家好几百万甚至上千万的人了，我想想我自己，虽说过得也不差，但比人家差远了，心里觉着不是个滋味，我看着别人织布挣钱，也想着干织布，但是总不能什么也不懂就进入这个行当吧，总得先得了解一下，我就去找着王某庆说了我的想法。他说，这好办，织布也不是什么难事，你就安宽幅机吧，现在安宽幅机挣钱，市场也形成得差不多了，你有什么不懂的就过来问问。刚开始，他带着我去买棉纱、浆纱，领着买布的上我门上来买布，带着我认识织布圈里的一些人，我慢慢地就会干了，也觉着没什么难的了。"（王某华，2013 年 8 月）

"咱这里董某发家里开着大织布厂，雇着很多工人，里面有自己的一大堆亲戚，在他厂里干了几年，基本上都是回去干了织布。董某发在家里是老大，下面好几个兄弟姊妹，他这个人也好，扶持亲戚发展，看着他的兄弟也不是个混的人，就说你回去干织布吧，你自己没渠道、没钱不要紧，你只要回去找个屋，我就给你安几台宽幅机来，棉纱、浆纱、卖布你不用愁，都可以从我这里帮着办，你只要好好干就行。所以，他那一大家子都一个一个地回去自己开织布厂去了。开机房的都是和传染似的，一个传一个，一窝子一窝子的，你出去打听打听就是，那些开机房的人肯定还有他什么七大姑八大姨家里开着机房，互相帮衬。"（董某梅，2013年8月）

　　M镇宽幅织布业扩散中的这种"传染"效应是沿着一定的关系网络展开的，从"成功者"身边开始向外扩散，可能传染身边邻近的，也可能传染到地理位置较远的人。

　　"开机房，就是一个传一个。我有个表弟叫小辛，他家是固堤（不隶属M镇）。以前在工地上干，过年过节到这里来看着我在家里织布，就问问我织布的情况。他看着这个生意不难干，没技术含量，占本也不大，他就弄上了。从咱M镇买的机，拉回去就安起来了，那边也有些保全，在潍坊织布厂里干过，没工人现教都行。他媳妇本来在潍坊二棉看机，他媳妇就会，会看机，会掏轴，就安了机。我给他介绍着从这边买棉纱，织出布来一开始送到这边来卖，送了一段时间，他自己也能跑，自己跑潍坊、周村、滨州，比我能跑，我干了这么多年我都没跑过那么多地方。自己出去跑市场，跑用户。一开始送到这边来，总是不如在他自己家里卖方便。他刚开始干的时候，才安了四张机，就开始出去跑了。以后弄了八张，在他们北边弄了个地方扩建了厂房，现在达到三十二张机了，干得比我好，现在成了个小规模织布厂了。

　　"类似固堤表弟这样跟着学织布的，咱这地方很多。都是借的亲戚关系开起来的，别的行业也一样，你看自己家门里，一个干什么别的就跟着干什么。一个织布，别的也跟着织布，一个卖布别的也跟着卖布。姐姐卖布、兄弟卖布，姐夫姨子的都卖布。"（董某华，2012年8月）

传统乡村社区是一个"熟人社会"，社会关系网络纵横交错，几乎整个区域都能够相互联系起来，很多人便能够通过社会关系网络形成信任关系，通过这种信任关系后期进入宽幅织布业者通过与"成功者"近距离的对比发现差别，刺激了他们迅速发家致富的决心，能够从成功者那里获取关于宽幅织布业的各种信息，甚至直接的资本和物质帮助，这无疑使他们减少了新进入一个行业的顾虑和风险，保证了正常运营织布厂的确定性。因此，M镇宽幅织布业的迅速传播和扩散，无疑是由于先期采用宽幅织布机开办织布厂的成功范例促使M镇本地形成了开办织布厂发家致富的历史意识，给人们树立了一个榜样，建立起了人们进入宽幅织布业的信心，而M镇之内的纵横交错的社会关系网络又对传播和扩散宽幅织布业起了一个必要的纽带作用。正是靠了历史意识和社会关系网络的作用，M镇织布业才在短短几年时间之内，在示范与效仿的"传染"效应下，迅速传遍整个M镇，甚至扩散到其他乡镇去。

四、竞争优势：技术转移与宽幅布生产市场的形成

中国纺织工业基地众多，改革开放之后，江浙地区出现的原发型纺织产业集群数量也非常大，很多产业区发展时间较早，相对较早地确立了领先优势，占据了国内的纺织品市场。M镇织布业相比它们起步时间较晚，却短时间内发展成为"江北第一宽幅布生产市场"，那么它的竞争优势是如何确立的呢？本书认为M镇产业集群的竞争优势主要在于它利用低成本优势承接了其他纺织产业集群淘汰下来的大量宽幅织布机，将宽幅布购买客商从四面八方吸纳到M镇来，从而使得M镇纺织产业集群在生产宽幅布方面确立了相对较强的竞争优势。

（一）农村产地专业市场的两种类型：衍生型专业市场和吸纳型专业市场

在众多的产业集群研究中，专业市场是一个必不可少的组成部分，产业

集群[1]总是与专业市场相联系的，两者互相促进、相互伴随、共生发展。专业市场是众多产业化基地便捷而低成本的销售渠道，专业市场带动了农村工业的发展（盛世豪，1996），这表明专业市场对农村专业化产业基地起着非常大的带动和促进作用。

改革开放以后，浙江经济发展较为迅速，尤其是在农村工业化过程中，出现了许多非常有特色的专业化产业基地，在专业化产业基地的基础上形成了众多专业市场，这些专业市场主要是依靠农村产业集群基础发展起来的，因此也被称为农村专业市场。浙江农村专业市场的迅猛崛起和蓬勃发展，引起了许多学者对它的关注。农村专业市场一般是指在农村地区形成的专门以某类工业产品批发交易为主的产品市场，它有几个核心要素：一是有固定的交易场所；二是以工业品为主要商品；三是以批发为主要经营方式；四是有多个经营单位，且经营的商品有较强的替代性或互补性（盛世豪，1996）。农村专业市场不同于其他市场制度，它是一种改革开放以后发展起来的大规模集中交易的坐商式的市场制度安排（池仁勇，2003），是一种接近完全市场竞争的制度（盛世豪，1996）。

金明路（1996）认为农村专业市场中最具代表性的两种类型是产地专业市场和销地专业市场。产地专业市场是以当地商品生产基地为依托，将当地及邻近地区数量众多、分布广泛的小规模生产者所生产的产品集聚起来，进行交易并销往远地市场的专业市场；销地专业市场是为当地及邻近地区的消费者和零售商提供商品，在流通中主要起向分散的小规模的购买者扩散商品作用的专业市场。盛世豪（1996）对农村专业市场的分类与金明路类似，他认为农村专业市场分为生产基地式和集散式。生产基地式专业市场主要是指一种以家庭工业、乡镇企业的发展为基础形成的专业市场。这类市场从功能

---

[1]　"产业集群"词汇在引入中国之前，通常在"浙江模式"或"浙江现象"的研究中，被称为专业化产业基地或者块状经济，以至现在还是有很多学者称浙江的产业集群为"专业化产业基地"。

上讲，是通过一个交易场所将当地工业生产与流通连接起来，既使大量的家庭工业所需的原材料进入生产领域，又使生产出来的大批产品经过零售方式实现价值。这类专业市场又分为两种形式，一种是转为家庭工业产品的集中销售而设置的交易场所，另一种是没有固定的交易场所，但存在大量比较稳定而专一的实际交换活动，一张无形的市场网络无时无刻不进行着各种原料和产品的交易，它是一种立足于生产基地基础上的广义市场，专业村、专业乡实际上就是一个个专业市场。集散式专业市场是指在贩销、中转基础上发展起来的以工业小商品为主的专业批发市场。这类市场主要起着在一定区域里的集散作用，通过市场内部的商流和物流，把区域经济与全国各地密切结合起来。产地专业市场（生产基地式专业市场）在浙江案例较多，比如绍兴轻纺市场、苍南宜山的腈纶纺织品市场、诸暨的珍珠市场等。销地专业市场（集散式专业市场）以义乌小商品市场为典型。无论哪种专业市场，都与当地的产业集群有着极强的共生关系，两者互为依托，相互促进，共同向前发展。

本书主要讨论农村专业市场中的生产基地式专业市场，不论其因交易场所有无称为有形或者无形，都在讨论范围之内。前述学者都是在农村专业市场最开始受到强烈关注时讨论的，他们受限于专业市场最早在浙江普遍开花，因此他们的类型分析主要是在一个时空截面上的共时性分类，并未考虑到随着时间的推进，对全国范围内所有的产业集群的先后做一个历时性分类。本书将区域范围扩大、时间延长，把生产同类产品或替代性产品的产地专业市场分为集群衍生型专业市场和集群吸纳型专业市场。

农村地区的原发型产业集群，主要是依靠劳动力充足和产品价格低廉的优势发展起来的。集群发展之初，广大生产厂商为了推销产品，往往雇用当地的农民充当销售员，艰难地在市场中寻找机会，随着产品打开销路，外地客户慕名前来，逐渐在集群所在地形成了专门进行产品交易的市场（这里的市场可以是有形的市场，也可以是无形的市场），为集群内的生产厂商服务，本书将这种专业市场称为集群衍生型专业市场。从时间顺序上来说，集群衍生型专业市场发展较早,集群大多都从改革开放以来起步,经过逐渐累积优势,产品占据国内市场,从而吸引大量客商前来形成专业市场。这类专业市场以我们众所熟知的浙江以及苏南地区产业集群形成的各类农村专业市场为典型。

某些原发型产业集群,由于出现某种情况,或者行业经济结构出现变化,或者生产设备实现更新换代,或者集群走向衰落,导致原来特定产品的生产从本地转移出去,为其他地区的产业集群生产所替代,随着特定产品生产地的转移,购买此类产品的客户也逐渐转向新的产业集群,从而使得特定产品的专业市场也从旧生产地转向新生产地。对新生产地的产业集群来说,这种专业市场是新生产地从旧生产地吸纳过来的,而且可能吸纳自多个旧生产地,它的形成存在着一个转移—吸纳的过程,因此,本书将这类在新生产地通过转移吸纳形成的专业市场称为集群吸纳型专业市场。从时间顺序上来说,集群吸纳型专业市场发展较晚,它们或者因为技术领先,或者因为承接产业转移,或者因为其他某些优势条件,在与先前的同类产品生产地竞争时,呈现出非常明显的后发优势,将原生产地的大量客商吸纳到新生产地形成专业市场。最典型的是很多劳动密集型产业集群从东部沿海地区向中西部地区转移引起的市场转移,还有一些产业的衰落引发的市场转移,比如浙江瑞安碧山的袜业的衰落与蒸蒸日上的诸暨袜业,比如浙江台州羊毛衫产业集群的衰落与冉冉升起的同省嘉兴濮院羊毛衫市场、河北清河羊绒衫市场以及内蒙古鄂尔多斯羊毛衫市场等。

本书讨论的案例M镇纺织产业集群,也是乘其他纺织区域在进行设备升级换代之机,利用它们淘汰下来的有梭宽幅织布机用于专门制作床品的宽幅布,依靠本地的丰富的劳动力资源和小家庭作坊的低廉成本优势,将原本到其他纺织产业集群购买宽幅布的客商吸纳到了M镇产业集群,从而也将宽幅布市场转移到了M镇产业集群区域。下面,我们分析一下M镇产业集群吸纳型专业市场的形成过程。

（二）M镇纺织业吸纳型市场的形成

我们前面讲述了20世纪90年代中后期纺织国企改革，限产压锭政策要求纺织国有企业对设备更新换代，同时将一些落后的旧设备予以淘汰毁掉，但实际情况中，还是有很多本该被压锭淘汰的旧设备被转移到了乡镇企业或者私营经济中。M镇也在"机贩子"的运作下，将很多国有企业淘汰的宽幅织布机转移到了M镇织布业中，从而获得了宽幅布生产的巨大规模优势。此间还有一个问题便是，其他地区的乡镇企业和私营经济，为什么没有利用国企淘汰下来的宽幅织布机获得生产宽幅布的竞争优势呢？笔者没有精力和时间去亲自调查其他地方宽幅布市场的转移，但还是根据一些"机贩子"和"布贩子"提供的资料了解到了很多相关情况，我们以较为发达的浙江和江苏两地的纺织产业集群为例来说明他们为何没有专注于床品宽幅布市场，而将其竞争优势让了出来。

江苏和浙江地区的纺织业自改革开放以来，就领先于其他地区产生了集群经济，在这些集群经济中乡镇企业、个体和私营经济比较发达，它们的迅速发展缓解了20世纪八九十年代民间百姓日用布匹市场短缺的情况。当时由于国内生产力水平低下，百姓收入较少，生活水平不高，在平常穿着上并不十分讲究，因此江苏和浙江的民营纺织业生产的布匹满足了广大的民间日用市场的需求。老百姓生活水平不高，所买布匹大多用于穿着，在平时床品以及窗帘等日用品上消费较少，因此，这些纺织区生产各种布匹，而不管其用于何种用途，并没有分化出专门用于制作床品以及窗帘等产品的宽幅布市场。

20世纪90年代中期开始，国内经济获得迅速发展，人们收入增加，生活水平大大提高，在日用穿着方面追求质量更为高档的品种，一些家用纺织产品也日渐分化出来。在此情况之下，两地的纺织产业集群为了满足市场需求，追求更高的利润，采用比之前使用的设备稍微先进的国有企业更新换代淘汰下来的设备进行生产。与全国其他地区的非国营纺织业一样，浙江和江苏两地的织布业先前也是使用的窄幅织布机，所织造的窄幅布并不方便用于制作床品。在采用了国企淘汰下来的宽幅织布机之后，相对以前的窄幅织布机不但能够织造更多品种的布匹，而且效率更高，它们所生产的布匹不但用于百姓的穿着衣料，而且也开始走向分化出来的床品、窗帘等使用宽幅布的家用产品市场。然而，使用的国企淘汰下来的宽幅织布机属于有梭织布机，相比纺织国有企业更新换代之后使用的剑杆织布机、喷水织布机、喷气织布机等无梭织布机来说仍然显得效率较低，产品档次不高，只能占领低端市场，产品附加值低，利润不高，这种情况刺激了两地的追求高利润的织布厂企业主下决心更换旧式的有梭织布机，采用更为先进的剑杆织布机等无梭织布机生产在产品档次、附加值和利润等各方面较高的服装布料，而将原来不分用途进行生产的有梭织布机淘汰。从纺织国有企业淘汰下来的有梭宽幅织布机，在浙江、江苏两地的民营纺织业中大约被使用过一两年的时间，又全都淘汰到其他地区。

M镇的"机贩子"贩销的宽幅织布机并非全都直接来自国企改革时纺织国有企业淘汰下来的旧设备，他们专门经营织布机的贩销行业，哪里有货源就去哪里，全国各地都有他们的足迹。在江浙两地的民营纺织业开始淘汰有梭宽幅织布机时，"机贩子"们凭借他们较为广泛的信息来源和极强的活动能力也同样将其转移到了M镇纺织业中。

20世纪90年代中后期，随着百姓生活水平的提高，纺织品市场发生分化，服装、日常家用、工业用布等产品市场逐渐生长出来，因为制作各种纺织产品所使用的布匹存在不同要求，因此使用的织布机也存在不同型号。江浙两地的民营织布业接受各种纺织品的订单，各种纺织品市场的商人都前去订购，在当地形成了纺织品专业市场。其中有一个较大的纺织品市场则是床品市场，吸引了全国各地的床品市场布匹商人前去采购专门用于制作床品等产品的宽幅布。在江浙纺织业企业主嫌有梭宽幅织布机效率较低、产品附加值不高而放弃中低端市场，转而采用无梭织布机生产用于制作服装等高附加值的布匹之时，利润较低的床品市场也渐渐黯淡下去。随着大量的有梭宽幅织布机转移到 M 镇织布业，床品市场的采购商人也被吸引到 M 镇地区，随着时间推移，专门用于制作床品的宽幅布的生产市场也随之转移到 M 镇织布业中，M 镇相比其他地区，宽幅布生产市场的竞争优势也由此确立。

M 镇发展为宽幅布生产市场，除了宽幅织布机转移到 M 镇的原因之外，还有与宽幅布初加工紧密相关的一个比较重要的环节，即宽幅布印染行业，也逐渐汇聚于邻近 M 镇织布业的昌邑地区。昌邑纺织区因宽幅布的生产制造逐渐发展成了一个专门用于印染宽幅布的著名的印染基地。昌邑纺织区因织布业繁盛，产业发展完善，北靠渤海，有发展印染业地利之便，印染行业向来比较发达。后期随着昌邑和 M 镇地区宽幅织布机日益增多，昌邑印染行业为此新装了大量宽幅布印花机，以为外地客商前来昌邑和 M 镇地区购买宽幅坯布提供初加工业务。一方面，M 镇地区的宽幅布生产基地促进了昌邑宽幅布印染业的发展，另一方面，昌邑的宽幅布印染业反过来也减少了布商们从 M 镇生产基地购买宽幅坯布再到别处进行初加工的麻烦，这就吸引了更多前来 M 镇地区购买宽幅坯布的外地布商。两者相互促进，共同发展。

"咱们 M 镇这边跟昌邑是一体的，咱这边不靠海，不能发展印染，昌邑邻近海边，印染业发展得好。昌邑的印染业也是这么起来的。国家一产出宽幅机来，国营大厂上了之后，全部配套的，印花机也有。演变到现在，宽幅印花机全国很少，别的地方很少，原来曾经有，但是没干起来。全国各地的那些国营大厂子好多宽幅机，有七八年的光景了，都没兴起来，机也卖了，我认为那些印花机也都卖了，都渐渐地集中到昌邑去了。"（董某华，2012年 8 月）

"宽幅布和窄幅布印染不一样，窄幅布外面加工的地方很多，好多湖州的、柯桥的、河北的、西安的'布贩子'以前来咱这边买窄幅布的时候都是采购了坯布拉回去印染。但是宽幅布就不一样了，宽幅布印染的地方不多，宽幅布印染基地比较大的在全国大概只有两个，一个是南通，一个是昌邑，他们这些'布贩子'买了宽幅布不是拉到南通去，就是在昌邑染了。'布贩子'

从咱这边买的宽幅布基本都就近在昌邑染了，其他地方宽幅织布机安装得少，不集中，养不起宽幅布印染来，所以大多数从别的地方买的宽幅布也基本上靠近咱这边的都是拉到昌邑来染了。"（董某津，2013年8月）

"外地的'布贩子'都愿意到咱这里来买宽幅坯布，一个是因为咱这里宽幅布生产比较集中，再一个是和咱镇比较靠近的昌邑是个大印染基地，宽幅布的印染基地没几个，昌邑就是一个比较大的。以前的时候，'布贩子'从咱这里买了布之后还得拉到别的地方印染，还得再拉到别的地方卖，又花功夫，又费时间。现在'布贩子'不这么办了，从咱这里买着布，直接拉到昌邑去印染了。基本上有这么几个情况，有些是在潍坊纺织品市场设个摊位，当个临时联系点，需要买布了，就开着小车来咱M镇转转，买了布之后从咱当地雇了车，直接拉到外地去卖；有些是在昌邑印染厂边上租个屋，当个临时办事处，也是开车来咱这边买布，到昌邑印染厂染。这两种情况是'布贩子'长驻咱潍坊这边，或者在潍坊，或者在昌邑，现在全国联系这么便捷，信息沟通这么快，他们知道市场要宽幅布了，就过来采购印染拉着到处卖。再一种情况就是，'布贩子'不驻扎潍坊地区，是在南通那边，南通那边也是一个大纺织品市场，宽幅布也是一个大市场，他们在那边，也是需要了就到咱这边来买。昌邑的印染帮了咱这边织布的一个大忙，要是没昌邑的印染，不那么方便，说不定没那么多'布贩子'过来。"（董某进，2013年8月）

M镇织布业趁纺织国有企业设备更新换代和其他地区纺织业转变发展思路之机，在"机贩子"的活动下，利用其他地区转移过来的大量宽幅布织布机迅速发展成为具有巨大规模优势的宽幅布生产基地，同时也将原来采购宽幅布的商人吸引到M镇地区，逐渐将其他地区的宽幅布生产市场吸纳到M镇来，在M镇形成了一个无形的宽幅布专业市场，相对全国来说，M镇宽幅布专业市场具有极大的竞争优势。M镇织布业的宽幅布生产在巨大的规模优势和竞争优势的互相作用下，获得了迅速发展。到2003年时，M镇的棉纺织业达到一个高点，全镇纺织企业约有四五百家，拥有的各式宽幅织布机数量达到10000余台，此后随着M镇织布业设备更新换代，年产各种宽幅布最高时达到 15 亿米，是山东最大的宽幅布生产基地，在全国逐渐成为与南通[1] 并列的宽幅布市场，号称"江北第一宽幅布市场"。

（三）M 镇吸纳型市场形成的优势

M 镇织布业通过吸纳其他地方的宽幅布市场而发展为一个比较知名的宽幅布专业市场，固然有转移宽幅织布机带来的设备优势，然而除此之外，M 镇织布业的生产经营主体大多属于中小企业，企业大小规模不等，但不管织布机数量多少都是家族式运营，较大规模的可以看作是一个织布工厂，较小规模的就是一些家庭作坊式企业，有些甚至就是夫妻店（夫妻店形式的家庭作坊在 M 镇只存在了三五年的时间，此后随着纺织品市场波动逐渐被市场淘汰）。这些企业在生产产品档次比较中低端、附加值不高、利润较少的床品宽幅布方面，具有非常大的低成本优势，这就使得拥有先进设备且规模较大的国营工厂、追求更高利润且打造品牌的江浙纺织业难以承受同等的成本压力，故而只能将中低端的床品宽幅布市场让出。这些低成本优势主要体现在以下三方面：

第一，设备购买成本较低。M 镇织布业大多使用二手设备，新旧设备之间的购买差价能够节省很多成本。二手设备价格相比新设备来说，便宜很多，这为精打细算的小型织布企业节省下很多资本，以作他用。

"以宽幅织布机 250 型号来说，刚开始咱这里使的是这种型号的有梭织布机，一台新的需要一万元，二手的一般四千左右就能买到，最贵的时候六千多，最便宜的时候一万块钱能买到四台。后来因为有梭织布机效率

---

[1] 南通是一个全国知名的纺织品市场，因宽幅布产量大，也是一个比较著名的宽幅布印染基地。江浙一带先前的纺织业因床品布料附加值低、利润不高，后期换上较为先进的无梭织布机织造用于制作服装的布料，但随着人们生活水平的提高，百姓对床品等家庭日用品需求越来越大，档次讲究也越来越高，床品市场的兴盛，又刺激江浙一带的很多织布区重新回到床品市场的宽幅布生产上来，因此逐渐在南通形成了一个规模较大的宽幅布生产基地和印染基地。据业内人士介绍，国内宽幅布专业市场主要就是 M 镇—昌邑纺织区和南通纺织区。

低，咱这里也更换了剑杆织布机等无梭织布机，剑杆织布机最开始时候一台新的需要三万多元，旧的需要两万多，后来便宜了新的也得两万多一台，旧的一万左右；新的喷气织布机，比较好的能达到三十多万一台，一般能达到十三万左右。"（董某业，2013 年 8 月）

对一个拥有四五十张剑杆织布机规模的小型织布厂来说，新旧织布机之间差价很大，安装二手织布机能够节省下资本，数目并不占小，可以将其用作企业的日常运转资本，关键时候能够使得企业渡过难关。

第二，经营成本较低。M 镇织布业以中小企业为主，家庭作坊式企业数量很多。家庭作坊式企业除去生产要素成本之外，再也不需要有多余的开支，比如除去工人工资方面，其余的资本完全可以节省下来用作工厂积累资金。即使是规模较大的织布企业也不会同国企一样雇佣很多的管理人员，增加了不必要的开支。M 镇的这些织布企业依靠其经营成本较低的优势能够节省下很多开支，在与其他地区竞争时，不但能够承受较低的市场价格，也能够承受低附加值的产品带来的微薄利润，因此很容易就能占领宽幅布生产的中低端市场，并且赢得竞争优势。

"中国的织布机是从有梭机向无梭机发展的，从有梭机的 44 机、56 机、63 机、到了宽幅的 75 机，230、250、280 等品种，逐渐地过渡到剑杆、喷水、喷气、片梭等无梭织布机。宽幅有梭机在国营大厂里运转的时间很少，几年的时间就被无梭取代了。无梭织布机与有梭织布机相比，生产效率高，剑杆与有梭织布机相比，一台顶两台，喷水织布机与有梭织布机相比，一台顶四台，喷气一台顶四台，效率又高，产品质量又有保证，工人的劳动强度又低，所以有梭机盛行了没几年。因为研究出这个宽机来之后开了没几年，新设备就取代了它，这些老机就到了咱这边中小集体、个体来了。在这边盛行了十年的光景，高潮处就是从 1995 年到 1998 年，因为这个机子就是 1990 年前后产的，在国营大厂子运转了七八年的时间，就到了咱这边，买的机都是旧的。在价钱上，喷气单位价值高，像一般的个体户没有那么大的财力搞那些机，一台好的机子就十几万，这种剑杆才要一万多，有梭机才几千块。

"国营大厂子现在有开机的就是喷气机，这些旧式机不用。你为什么没用的，你和个体户去搞竞争你竞争不过个体户。像我说的，在镇办企业 12 台机以前是 36 个人开，我这 36 台机就俺俩管理，再就是几个工人上班，这样成本就降下来了。大厂子和咱产品不一样，大厂子要是和咱搞一样的产品就没法干。潍坊那些国营厂子或者倒闭了，或者改成股份制了。它们织的品种高档，比如服装面料。服装附加值高，买一套西装上万的都有，核算一下，顶多少钱一米，咱这才多少钱。咱就是生产的低附加值布料，大工厂不稀罕干的，咱这里才干，这也造就了这么大一个产业。"（董某华，2012 年 8 月）

第三，专注于织布成本较低。纺织国有企业，企业规模大，一个生产过程之中可能会有很多道工序，甚至在一个工厂之内便形成一个上下游产品的纵向生产链，从购买棉花、纺纱、浆纱、织布以至印染所有环节都齐备，企业管理人员要合理制定各个环节的生产规划，划分产量、资本、时间等，无形之中就占用了很多的时间精力，增加了很多成本，这就使得他们在低附加值产品方面无法与个体、私营经济相竞争，他们只能转而去生产高附加值的产品。M 镇织布业中的中小企业不管规模大小，都是只专注于织布这一环节，没有多余的工序，需要的原材料以及其他上游产品则可直接在本地其他商人那里购买，这就使得它们脱却了很多不必要的生产环节累赘，而只将时间、精力和资本用于织布，无形之中就有了很大优势。后来国有企业虽然生产环节减少了，但依然不能只专注于一个生产环节。

"社会越发展，分工越细，越来越有这个倾向。你像以前那些棉纺厂、国营大厂，从进棉花到出成品，自己什么都上着，纺纱、加工棉花等。现在都改变了这个模式了，纺纱的光纺纱，大厂都转变了。咱这边分工细体现得就很明显，浆纱的光浆纱，卖纱的、浆纱的、织布的、卖布的、染布的，各人干各人的，各人一个环节。配件，咱这织布好干体现在哪里，坏了件，你也不用备件，乐意备也行，不备也行，24 小时随时能买着，晚上也开着，晚上敲门就行。咱这织布就是光织布，别的不干，不用操别的心，省下了些麻烦。"
（董某华，2012年8月）

20世纪八九十年代M镇织布业的发展，为90年代中后期M镇承接宽幅织布机的技术设备转移奠定了一个良好的基础。宽幅织布机在M镇的大量扩散，带动了M镇织布业的迅速发展，使M镇在较短时间内在宽幅布生产方面获得了巨大的规模优势；与此同时，随着宽幅织布机转移到M镇地区来，以及本地企业生产的低成本优势，M镇地区也在吸纳其他地区宽幅布市场的基础上形成了一个具有极大竞争优势的宽幅布专业市场，从而使得M镇织布业与专业市场联系到了一起。M镇宽幅织布业的发展促进了宽幅布专业市场的形成，而宽幅布专业市场的出现反过来又促进了织布业的向前发展，两者共生发展，互相促进，彼此不可分离。

第五章 M 镇纺织产业集群的形成：社会关系网络与产业分工网络（2000 年以后）

亚当·斯密在其《国富论》中提到了专业化和分工与市场规模的关系。人们的交换能力引起劳动分工，而分工总是受到市场范围的限制。反过来，随着市场规模的逐渐扩大，人们之间的劳动分工和专业化就会加强，劳动生产率就能得到不断提高。在专业化与分工之间也存在着某种关系，某一生产环节的专业化是建立在其他生产环节专业化的劳动分工基础上的，两者互为依靠，没有分工就没有专业化，没有专业化也很难出现分工。而限制分工的市场范围并非仅仅指的是市场需求或曰消费者的数量，还应包括进入各个分工环节的从业人数。在产业的聚集区内，市场范围指的就是参与分工的各个生产环节，这各个分工环节之间的互动就共同构成了一个相互联系的分工网络。这个分工网络互动的特点不仅取决于网络中参与者的数量，还在很大程度上与各个生产环节的专业化水平有关。在一个地区的产业发展中，分工网络是由从事生产和销售不同环节的节点和相应的分工协作关系构成，某一环节在整个网络中起到了网络中心的作用。根据生产与销售的分工，以及两者在其中何者起到主导作用，又可以区分不同的分工网络类型。大体可分为两类，一类是专业化的生产环节在分工网络中起到主导作用，并带动销售等环节的，被称为产业分工网络；另一类是以销售环节为分工网络的中心，整合了整个生产环节，被称为贸易分工网络（白小虎，2010）。

M 镇地区织布业最先获得发展，随后专业市场才慢慢地建立起来，虽然在后期的发展中，织布业与专业市场是共生关系，两者互相促进，互为发展动力，但无疑是织布业在其中起着主导作用，是宽幅织布业的发展催生了宽幅布专业市场的出现。因此，M 镇的分工网络属于一种产业分工网络，但是它又不仅仅是以生产和销售为中心的分工网络，而是包含相关配套行业在内的分工网络。在 M 镇产业分工网络中，其中最关键的一个环节是织布业，织布业不断发展壮大，具有了相当的外部规模经济之后，与织布业处于同一个生产链上的其他上下游环节（包括原材料、中间品直到销售环节等）以及横向配套行业（劳动力市场、技术设备市场等）才会扩展和衍生出来，这些上下游环节与相关行业与主体的织布业生产环节才能构成一个完整的产业分工网络。这样的一个产业分工网络实际上就是一个产业集群。M 镇纺织产业分工网络如图 2 所示。

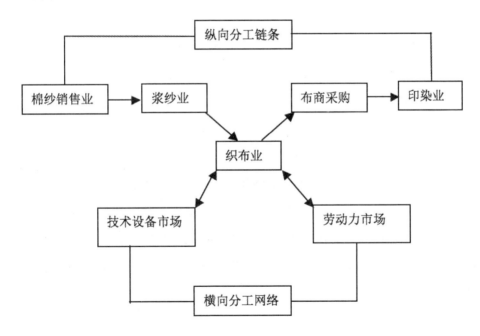

图 2　M 镇纺织产业分工网络

在 M 镇纺织产业集群中，纵向生产链上的原材料生产和销售环节，与横向协作的劳动力市场、技术设备市场等相关行业紧密地联系在一起，形成了一个完整的配套体系，紧紧围绕在织布业这个中心环节周围并为其服务。那么这些配套行业是如何生发出来的，它们又是如何与织布业形成分工网络的呢？

M镇织布业的生产和销售是连为一体的，我们既可以将其看作是一个生产基地，也可以把它看作是一个无形的专业市场，但是因为生产和销售两者无法实现分离，笔者并不把"无形的专业市场"当作是M镇织布业的配套产业，而选择将生产与销售放在第四章中一起论述，所以本章不再对织布业的初加工环节和销售环节加以赘述。本章将从社会关系网络嵌入的视角来重点考察M镇纺织产业中纵向生产链上且位于织布业上游的原材料采购和加工环节，横向配套的劳动力市场和技术设备市场的形成过程，以及它们与织布业形成产业分工网络的过程。

一、纵向分工链条的扩展：棉纱销售业、浆纱业与织布业

M镇织布业发展到一定规模之后，需要大量的原材料以支撑起继续发展。M镇织布业的原料是棉纱，棉纱要用作织布还得经过一道浆纱环节才能进入生产，因此本节考察纵向分工链条的扩展，即织布业的上游环节，包括棉纱销售业和浆纱业两个环节。M镇及其邻近地区一不是主要的棉产区，二也没有大型的化工厂，因此受限于原料采购成本及技术原因，本地仅仅发展起一两家纺纱厂，但规模不大，且供应量比较小，绝大多数织布厂所使用的棉纱是来自区域之外的。鉴于此种状况，本节分析M镇棉纱销售业时便不再涉及纺纱业。下面我们来分析一下M镇棉纱销售业和浆纱业的形成过程及其与织布业的联系。

（一）棉纱销售业的形成

M镇织布业所使用的棉纱绝大多数都是从外地进来的，外地棉纱进入M镇销售采取的方式是寻找代理人，建立棉纱代售店，由众多的棉纱代售店组成了棉纱销售业。棉纱销售业虽然在2000年以后才出现，但我们要考察它的

形成过程还要向前追溯。

计划经济时期，国家对棉花和棉纱资源的控制严格，基本上是计划调配优先供给国营织布厂，农村纺织工业很难拿到生产所需的棉纱，所以M镇织布业在社队企业时期，进行的基本上全是来料加工业务，所用的棉纱自然也都是来自分包业务的国营工厂。社队企业解体后，国家依然没有放开对棉花和棉纱市场的管控，个体织布加工户经营依然困难，很多仍然是借助社会关系为国营大工厂代工，所需棉纱还是来自那里。

20世纪90年代初开始，M镇织布业获取棉纱的方式有所变化。这主要是由于两方面原因，一方面是，国内纺织业迅速发展，棉纱市场供给量越来越大，出现供过于求的局面。另一方面是，国家提出建立社会主义市场经济体制，在政策环境上有了变化，对棉纱市场的管控放松了。国内棉纱市场有所松动，棉纱在市场上可以自由流通了。这种情况下，不仅国有纺织企业能够拥有足够的棉纱进行生产，而且农村工业中的乡镇企业、个体和私营经济也都能够从市场中购买到生产所需的棉纱。M镇织布业获取棉纱的方式主要经历了一个从外出采购到出现棉纱代理的过程。

1. 外出采购阶段

1990—1998年，M镇织布业所需的棉纱主要是企业主自己外出采购。当此之时，M镇织布业主要是由北眉村社队企业发展起来的织布群体和乡镇企业丝织厂成立带动起来的织布群体两部分组成，总共数量不论规模大小只有几十户，各种型号织布机数量也不过几百张之多，没有形成规模优势，因此其外部规模经济较小，无法吸引外地棉纱贩销员主动前来推销业务，织布企业主们日常经营所用原料均需外出到各地棉纺厂购买。

由于许多织布业主日常同属一个群体，经常往来，相互之间交流信息，在外出购买原料方面一般都保持联合行动。这些织布业主在外出购买原料时保持联合行动的原因在于增加确定性和节省生产成本。一方面主要是由于他们单个企业规模小、资本少，每次购买的棉纱量就比较小，这就使得他们在与大型棉纺厂打交道购买棉纱时，因为不能满足大型纺纱厂出货量大的要求而经常受歧视，因此他们联合外出购买以增大棉纱购买量能方便与棉纺厂打交道；另一方面，棉纱市场经济成分众多，既有大型国营棉纺厂，又有乡镇企业和民营企业，乡镇企业和民营企业与大型国营棉纺厂生产的棉纱相比，质量有所不如，价格也比较便宜。M 镇织布业很多业主刚刚起步，为了节省生产成本，他们往往结伴到处打听更加廉价的棉纱，经常在山东省内各处棉纺厂之间徘徊，因为省外棉纱便宜，甚至跑到省外采购。

　　"我 1992 年就开始自己干织布厂了，那会儿在咱这里织布不是很好干，什么都得自己出去跑，不但出去跑市场，还得出去跑原料。国营棉纺厂规模大，纺的棉纱质量好，卖价就高，那时候咱钱少，买不多，大厂都有出货量的要求，一吨两吨，人家还不愿意卖给咱，每次都是好说歹说买点儿回来。后来，俺村里也有几个织布的了，规模都不大，单个出去买都是我这个情况，所以就结帮出去一起买。再后来，棉纱市场放开了，很多个体户、乡镇企业都纺纱了，它们纺的质量参差不齐，但是对咱 M 镇织布的来说，咱织的布都用作低端产品，质量差点的纱也能用，还便宜，就不太从国营大厂里买了。为了图便宜，我是哪里有棉纺厂我就去哪里看看，山东省内的德州、惠民、文登、临沂很多地方都去过，最远我能跑到河北。"（何某某，2012 年 8 月）

　　规模较小的织布业主选择联合出去购买棉纱，一些规模较大的织布厂比如乡镇企业丝织厂因为采购棉纱量较大，能够与大型棉纺厂直接建立业务联系，但因为经常性的经营困难、赊欠严重，导致资金紧张，在购买棉纱时也面临着资金困境，而且外来售卖棉纱的业务员还经常要拿回扣。因为这些情况，丝织厂为了节省成本，常常需要业务员到处跑市场寻找廉价棉纱。后来在与北眉村织布群体共同承担韩国外贸布业务时建立起了紧密的联系，由于生产相同的布匹品种，使用的棉纱质量、型号也是一致的，为了方便生产，他们就将棉纱采购业务交予同一个人出去办理。这个人便是辛某玉，他是北眉村织布群体中主要的企业主之一，家族兄弟几个联合经营织布业，在当时的个体加工户里面规模较大。辛某玉承担外出购买棉纱的业务，主要是因为他具有出色的活动能力，并拥有广泛的社会关系网络。

"1992年开始，我干织布，我干织布是有个别的目的，拿着织布当个基础，为的是倒弄棉纱，不然的话和潍坊棉纺厂不好打交道，去潍坊染织厂找了李长廷，李长廷是我在新兴织布厂里当业务员认识下的。李长廷在青岛跑外贸的时候给俺弟兄们介绍了韩国那个外贸布业务，当时做的是革底布。刚开始咱这里用的是潍坊棉纺厂的棉纱，我想着为了省钱，革底布质量要求又不高，咱这边一些加工户还做着床单被罩的市场布业务，档次也不高，潍坊棉纺厂的棉纱质量好，又贵，咱用不着那么贵的。丝织厂当时经营也很困难，赵俊凡来销售棉纱，一吨还得给他好几百块钱的回扣。我当时跑棉纱主要是为俺们自己用，后来也给丝织厂代办棉纱了。

"我出去采购棉纱，主要是去的文登棉纺厂。去文登棉纺厂主要也是从潍坊染织厂那里介绍过去的，以前潍坊染织厂织布用过一些文登棉纺厂纺的棉纱，大染织厂干外贸活用这个纱质量不太过关，就不用了。我就想，咱这边用不着那么好的纱，正好去文棉看看。1992年我开始去文棉的时候，文棉还是国营棉纺厂，别看着它是国棉厂，那会儿效益并不好，库房里积压了很多棉纱，卖不出货去，就是卖出去也要不回钱来。文棉那会儿大概经营思路有问题，刚开始我去的时候，觉着咱是农村的，咱派头不够，瞧不大起，接待上不太好，文棉这种国营厂子就是瞧不起咱这种小织布厂，光想着做大工厂的业务。但是业务员出来找大厂，就是赊账给大厂用，大厂也嫌质量不够不给他钱。再后来去，我就是顶着染织厂的名义去和他们打交道的。我和潍坊染织厂里人认识，染织厂和他们厂又熟，染织厂的销售科和他们签的合同，和我一块去文棉的染织厂的那个业务员，互相介绍了一下就成了。以后，都是我自己去联系买纱，虽然是顶染织厂的名，实际上是我销货，我买回棉纱来都是给咱这里用。我联系上文棉的业务之后，咱眉村这两个织布圈子，300多台织布机都用我的纱。不光这样，潍坊新兴织布厂也是用我的纱。文棉的棉纱库存也就解决了，咱这边也能用着便宜棉纱了。"（辛某玉，2012年8月）

2. 棉纱代理行业的出现

棉纱代理行业是外地棉纺厂在M镇本地寻找代理人，设立棉纱代售店以经销棉纱业务的行业。它是随着 M 镇织布业的发展和兴盛才出现的，是织布业外部规模经济所带动的一个行业。从 1997 年开始，M 镇织布业经历了一个迅速的发展阶段，织布机数量迅猛增加。这种增加不仅表现为很多新生织布加工业所拥有的织布机数量较多，而且还表现为原有织布企业生产规模急剧扩大，又新增了很多织布机。原来织布机数量较少的情形下，织布企业主外出采购棉纱的方式已经不太适应现在的发展情况了，织布机数量的迅速增加，就需要很多棉纱用来供给生产，这时新的棉纱代理行业就出现了。

棉纱代理行业的出现，主要是由于 M 镇织布业的旺盛，是市场需求的自然结果。但具体考察 M 镇棉纱代理业的出现，则又离不开从业者的审时度势能力和他们所拥有的社会关系网络。综观 M 镇棉纱代理行业的出现，主要有三种方式。

一种是依靠业缘关系网络而设立的棉纱代售店。这种业缘关系网络主要表现为：从业者早年在外地棉纺厂或纺织厂工作中所结识的朋友关系网络，本地早先一些业务员在外出跑业务过程中结识的棉纺厂朋友关系网络。在 M 镇织布业迅速发展之时，他们意识到本地棉纱的大量需求，认为经销棉纱有利可图，便依靠外地的朋友关系网络，开始了在本地代销棉纱的业务。这批从业者也是 M 镇棉纱销售行业中最早开设棉纱经销店的人。

"我原来在帆布厂当业务员，帆布厂的棉纱采购全是我办的。当业务员的时候，跑的棉纺厂、织布厂比较多，也认识了一些人，帆布厂改制之后我回了家，也跟着安了机，后来看着咱这里安机的越来越多，棉纱不好买，市场上纱价也不稳定，觉着经销棉纱应该是个好买卖，弄好了的话赚得肯定多。我就找了以前的那些关系，说给他们代销棉纱，一开始信任关系也不太强，那些厂子信不过咱，就拿多少钱来就给你多少纱。后来信任关系有了之后，有时候棉纱也不好卖，他们也不说需要全款进纱了，就差不多先赊给你，卖了之后再给钱。我就是那会儿干起来的棉纱代理，后来看着买棉纱挣钱，开机房麻烦，利润也少，就一直干着买棉纱了。"（王某进，2013 年 8 月）

"我就是以前在染织厂干过，在外面跑业务跑得又多，认识了些人。后来出去跑业务又认识了些人。俺家干了织布之后，我给俺家和丝织厂买棉纱。那会儿还不算棉纱代理，因为咱买纱主要目的是自己用。大概到了2001、2002年的时候吧，咱M镇安机安得最多，那会儿是安机的大红潮。我一看，都安机了，我就把机卖了。我当时的想法是，因为安机的太多了，这些织布的外界关系都没大有，卖布都是随波逐流，没有自己独立的销售体系，就是别人干什么，你就跟着干。从技术上来说，也没有自己独立的技术。所以，我就从织布这一块上走开了。安机的这么多，棉纱需求量就大了，就加大了棉纱的销售市场。我这么多年业务上有基础，2001年就直接改行，卖了机，经销了棉纱。"（辛某玉，2012年8月）

一种是依靠亲缘、地缘关系网络设立的棉纱代销店。这种关系网络主要是从业者与在外地棉纺厂和纺织厂里的某些人有着亲缘关系或者老乡关系。这些从业者看到M镇织布业发展的势头，同时又看到一些棉纱经销者的高利润，他们也依靠这些亲缘关系和老乡关系办起了棉纱经销业务。他们算是M镇第二批开设棉纱代售店的人。

"王俊算是一个经销棉纱做得比较好的。他是从东北回来搞的，看着需求就有干的。他是借着关系弄的，他和潍坊二棉里有个什么关系，大概是他什么亲戚，他就去问棉纱价格，回来打听咱当地市场就有几百块钱的差价，觉得有利可图，那会儿自己没车，就说你厂里棉纱这么多还不好卖，给我送过去，有现金就掏现金，没现金的时候有熟人的就赊欠着。就相当于给厂里设了个小办事处，就给厂里代理棉纱。别的代理也是这样，有这种头脑的人，看着某人弄着一个棉纱销售点，就想起来咱哪里一个厂里有熟人，要不咱也倒弄棉纱也卖吧。从那里开始，都发展，各人有各人的渠道，可能你潍坊有渠道，他青岛有渠道，别的还和德州有渠道，都代理，从中赚取几个中介钱。"（董某华，2013年8月）

一种是依靠产业信任关系网络设立的棉纱代销店。这种信任关系网络主要是外地业务员来M镇推销棉纱，与本地客户长期打交道之后，相互之间获取了信任，从而形成了比较稳定的业务关系。依靠信任关系设立的代销店，一些是由比较大规模的织布厂依靠与棉纱销售员形成的信任关系设立的，还有一些是从业者先前缺少任何关系，但是看到经销棉纱的高利润，也看到外地业务员常来本地推销棉纱，就主动打交道而建立起的棉纱代售店。

"罗都屯有个伙计叫×××，家里开着大织布厂，平时就是直接和德州一个棉纺厂有业务来往，时间长了，业务员也和他熟了，知道×××也很讲信誉。大约在2002年的时候，有一段时间棉布市场不好，带着棉纱市场也不大好。德州棉纺厂那年赶上棉花便宜，纺了很多纱，但是不好卖，卖不出去，那个业务员知道咱这里是个织布的地方，迟早得用棉纱，就跟×××商量给他一个差不多的价格用他的大库房存棉纱，等着棉布市场一抬头，就卖出去了，也不用现钱，赊着就行。那会儿，棉纱便宜，就运过来了很多棉纱。过了一段时间，棉布市场抬头了，织布的又买不到棉纱了，一时间新疆的棉纱进不来，棉纱价格基本上一天一个样地疯涨，那年棉纱最便宜的时候是10300块钱一吨，后来涨到12000、13600、14800，一直涨到16000多。×××也不知道囤了多少棉纱，反正就趁着那段时间一下子挣了三四百万。后来，他们家也一直经销着棉纱。"（董某业，2012年8月）

"咱买棉纱到处去买，纺纱的也是到处卖，到处跑业务，那些棉纺厂的业务员和猫闻腥似的，哪里织布的多就去哪里推销。咱这里织布的这么多，外地业务员就经常来，哪里的都有，有时候说不定一天都能碰上几个过来推销的。他们来推销，就是看着写着棉纱代理牌子的门头就进去问问，刚开始没信任，就现金，时间长了，有了信任了，你一时间没现金给他也先赊给你，反正他们卖得多提成就多。卖棉纱的门头一年来很多业务户，都拿着样品来推销，找代理。找上门来卖棉纱的很多，路边只要有门头，一挂上牌子，就有来推销找代理的，你根本不用出去找。有些也想卖棉纱的，就做个牌子挂上，没多长时间业务员就来了，就联系上业务了。"（董某华，2013年8月）

M镇织布业所需的棉纱经历了一个从织布业主外出购买到本地棉纱销售业供应的过程。M镇本地棉纱代理行业的出现，不仅有利于减少织布企业外出寻找原料的交易成本，将更多的时间和精力集中在织布这一中心生产环节上，而且，由于织布利润的丰厚，和 M 镇本地获取棉纱原料的容易度，也催生了更多的织布企业，壮大了 M 镇织布业的规模优势。

（二）浆纱业的出现

织布业企业主采购到的棉纱并不能直接用于织布机，还必须经过一道中间处理环节，按照布匹的品种要求将棉纱经过一定的工艺处理之后才能生产出特定品种的布匹，这道中间处理环节就是浆纱。

在早期，社队企业给国营大工厂进行配套生产时，不管是棉纱原料还是浆纱处理都是在大工厂全部处理好后才运回来进行生产的。社队企业解体之后，随着织布企业经营业务的改变，他们在外地购买棉纱之后，通常会将马上就要进行使用的部分运到邻近的比较发达的纺织区进行浆纱处理。从地理位置和距离上考虑，距离 M 镇比较近而且也比较方便的纺织区是潍坊市区、昌邑、高密以及青岛。潍坊市区和青岛市区纺织工业发达，纺织国营企业数量众多，配套产业齐全；昌邑和高密地区也是传统的纺织区，乡镇企业和民营经济发达，在纺织业发展方面走在 M 镇纺织业的前列，M 镇在发展起浆纱业之前一般是到这三个地方进行浆纱处理的。

1. M 镇浆纱业的形成

作为棉纱采购和织布中间的一道重要环节，浆纱也是随着 M 镇织布业的发展而作为一个专业化的环节出现在 M 镇纺织业的分工网络里。随着 M 镇织布业迅速发展，织布企业数量迅速增多，在织布业外部规模经济的基础上，M 镇浆纱业也逐渐分化出来。

M 镇浆纱业与 M 镇织布业一样，使用的设备也是从纺织国营企业淘汰下来的旧设备，但浆纱机与织布机相比，技术显然要复杂很多。M 镇先前从未有过现代化的浆纱工艺，所以关于操作浆纱工艺的技术还是来自 M 镇区域之外。浆纱设备的引进与操作工艺的学习，也是浆纱业从业者依靠社会关系网络实现的。1992 年，M 镇第一家浆纱厂成立，开始了 M 镇本地浆纱处理的第一步。我们可以通过这个浆纱厂的例子来看看从业者是如何将其建立起来的。

"王某义、王某江和我是咱 M 镇第一家安浆纱厂的。怎么想着开浆纱厂的呢？我在家干着织布机配件，平时经常去一些大厂里去收旧件，就认识了些朋友。有一次一个青岛的朋友说青岛床单厂倒闭，叫我过去看看旧机件。我过去拆机件的时候，看着一台宽幅浆纱机，整体还比较好。咱 M 镇那会儿没有浆纱厂，浆纱的都得去外面浆，织布机那么多，就是缺着个浆纱厂。他们去外面浆纱不光费时间，还得在那里排号，业务很忙，有时候都需要排到好几天之后，有些紧要活，还来不及，经常让它弄得烦心。在咱这里开个浆纱厂肯定挣钱。俺三个人就商量了下弄回来开了浆纱厂。

"浆纱机看着是好，但是咱这里没人会安装，也没人会浆纱，掌控不了怎么配料和浆纱的火候。这个技术怎么办呢？既然青岛那边床单厂都倒闭了，肯定就下来不少工人。我又雇着浆纱老师回来给我安装，帮我调试，教我这边的人浆纱。刚开始咱技术也不大过关，就先做了试验，拿着我的棉纱试着浆纱，试验了一段时间才感觉差不多了。拿到别人那里试着织布也行，我就觉着我这浆纱厂算是开起来了。

"咱开浆纱厂就是为了挣钱的，浆纱厂开起来之后，我就开始出去推广浆纱业务。在咱 M 镇织布圈里，信息都比较灵通，谁家安了什么织布机，谁家干着什么品种布，没几天都能传遍全公社，我安了浆纱机之后没几天也就传遍了这个圈子，他们都打电话问过我情况。等我浆纱试验成功了之后，我就到那些大织布户里去坐坐，说我浆的纱质量也行了，织什么品种的布都会处理了，你们哪天过去看看。就这样，因为我是咱 M 镇第一家开浆纱厂的，在本地浆纱又方便又省时间，又加上我到处推销业务，那些织布户看着我浆的纱可以了，一家用着说行，慢慢地很多织布户就跟着过来了，那我这浆纱业务也就多起来了。"（李某来，2013 年 8 月）

此后，在第一家浆纱厂的带动下，到 1994 年左右 M 镇又陆续设立了其他 4 家浆纱厂。随着 M 镇织布业的迅速扩张，织布企业越来越多，仅仅依靠本地的几台浆纱机难以满足需求。我们可以通过计算得出浆纱厂的供应量与实际需要的数量之间的差距。一个浆纱厂一般就只有一台浆纱机，出货量并不是很大。浆纱要经过好几个处理程序，才能完成一个线轴，一个程序走下来基本上也得费上四五十分钟的时间。因此，一台浆纱机一天一夜24小时不停，最多能浆30个线轴，全镇共有5台浆纱机，一天最多也只能供应出150个线轴。一个线轴能供应一台织布机使用15天左右，当时全镇大约有几千张织布机，仅靠这几台浆纱机远远不能满足织布户的日常生产需要，供给与需求之间相当紧张。关于当时的紧张情况，一位企业主回忆道：

"那会儿，浆纱都得去排号，就是排上号，有时候也得等个两三天才能织布。很多急着赶任务的小户，就一遍一遍地去看，恨不能送去接着就能浆出来。一些等不及的织布户，尤其是那些上规模的织布厂就自己雇车拉着出去浆纱，到昌邑、潍坊、高密、德州啊，哪里方便就去哪里，任务急了那会儿也不大在乎那个路费了，关键是那会儿利润高，一米布能看一块到两块钱的利润。"（王某海，2012年8月）

鉴于浆纱供应与需求如此紧张的情况，浆纱厂最终在该地多处设立，汇合成为一个行业。据调查，从1997年之后，M镇地区浆纱厂数量最多时达到13家，经过一定的市场波动之后，基本稳定在11家左右。这些浆纱厂的从业者有两种，一种是单纯设立浆纱厂只对外经营浆纱业务，并且以此来赚取利润的；一种是自家在本地拥有较大规模的织布厂，因为他们日常生产中所需要处理的棉纱数量比较大，总是跑到外面去浆纱，既花费大量运费显得不经济，又因为加工时间往往比较长耽误生产，为了节省成本将上下游环节合并在一起设立的，在供应自己内部浆纱的同时，也供应外部小型织布户的浆纱业务。这些浆纱厂的业务范围不仅供应本地，而且还将其拓展到与M镇邻近的寒亭、昌邑、安丘、高密等地，那些地区很多织布企业因为宽幅布品种的需要，都来M镇宽幅浆纱厂加工棉纱。

2. M镇浆纱行业治理——从浆纱协会到信任关系

浆纱厂数量增多成为一个行业之后，缓解了M镇浆纱业供应与需求的紧张关系。一个行业有市场，便有企业为了追求更多的利润而去竞争。M镇织布业主要从事宽幅布织造，因此与其对接的也是宽幅浆纱厂，M镇的宽幅浆纱厂至 1997 年已经有七八家，在一个镇的区域范围内，由于各个浆纱厂相互竞争价格自然比较公允，甚至与周围邻近地区从事同一宽幅浆纱的其他浆纱厂相比，价格还要低。M 镇在地理上与昌邑、寒亭两个纺织区邻近，距离较短，交通也比较便利，由于 M 镇专营宽幅布浆纱，价格相对较低，反衬出其他两个地区价格就相对较高，为了节省成本，另外两个地区的很多从事生产宽幅布的织布企业也经常会来到 M 镇浆纱。三个纺织区内部的浆纱厂因价格不一，有高有低，而使客户出现了分流，M 镇浆纱厂因价格较低，使很多客户流向 M 镇，这就导致另外两地的浆纱厂怨气比较大。

"寒亭、M 镇、昌邑三个地方都是纺织比较集中的地方，咱这里先起来的宽幅布，有宽幅浆纱机，后来那些地方也安了一些宽幅织布机，但是浆纱机不多，那边浆纱稍微贵点儿。比如说昌邑加工费是两毛二，寒亭以前没有，安浆纱机之后，也跟着昌邑学定了两毛二的价。但是咱 M 镇是个宽幅布窝子，浆纱机又多，互相竞争的价格上就比那两个地方便宜，这些织布的经常来往，咱这里浆纱便宜，他们那里两毛二，咱这里两毛钱，就弄得那些地方的干宽幅布的加工户就到了咱这边浆纱了。"（李某文，2012 年 8 月）

由于各个浆纱厂使用的设备比较一致，技术一样，因而处理的棉纱基本上质量同等，没有多少差距，很难在产品上分出优劣来争取客户。竞争也只能以最原始的方式，即采取降价来争取客户。一家浆纱厂降价，信息很快就被传播开来，别的浆纱厂业务减少，不得已只能采用压价的方式来参与竞争。这种情况进行了一段时间之后，昌邑、M 镇、寒亭这一连成整体区域的浆纱市场因互相压价显得比较混乱，各个浆纱厂都苦不堪言，因相互的恶性竞争导致利益都有很大损害。

"那时，咱 M 镇宽幅浆纱厂最多，有七八家，昌邑、寒亭相对少点儿，咱这里价格便宜，那两个地方的加工户很多都跑到咱这边浆纱。那边的浆纱厂看着咱这边便宜，他们买卖少了，想留住客户，也降价。过段时间看看，客户怎么突然又少了，肯定又是别地方降价了，没办法还得跟着降价。反正，最后就是你压、我也压，都压得价格很低了，没多少利钱了。对织布厂来说，到哪里去浆都行，这一个片区又不大，去远的地方浆也多花不了多少时间，近的地方也谈不上省时间，运费又不用自己出，都是浆纱厂浆好了包着送。哪里便宜去哪里，经常互相打听哪里便宜，所以挤得浆纱厂都压价，浆纱厂老板都抱怨得不行。"（李某文，2012 年 8 月）

出于浆纱行业整治的考虑，M 镇、寒亭、昌邑三个区域的浆纱业从业者们逐渐走到了一起，共同商讨浆纱业的市场竞争情况，建立一个组织协调各个浆纱厂的行动。1997 年，由 M 镇政府牵头，十几家来自寒亭、昌邑和 M 镇的浆纱厂从业者集聚 M 镇，自发成立了浆纱协会。浆纱协会是如何协调会员之间的相互竞争的呢？其章程[1] 是这样规定的：

"浆纱协会执行机构包括 5 人，其中 M 镇有一个会长、一个副会长、一个秘书长，寒亭和昌邑各有一个副会长。

"协会不是一个强制机构，会员可以自愿参加、自由退出。每个会员会费 1 万元。

"三个区域的浆纱厂要实行价格统一，如有变动由协会统一研究。若有违反者罚款 1 万元。

"协会会员要定期聚会，自觉遵守约定，共同维持浆纱市场秩序。"（李某文，2012 年 8 月）

笔者通过调查走访发现，浆纱协会成立后，最开始还能定期聚会，讨论一下三个区域浆纱厂的事宜。但在过了一段时间后，会员渐渐地开始违背约定，经过三个月之后，浆纱协会的作用完全消失了。三个地区的浆纱市场并未因为有正式机构的成立而走向规范，各个浆纱从业者依然是我行我素，情况没有多少改变。

"协会成立了之后，也没有什么改变。协会又没有约束，不能强制，那些浆纱厂该怎么办还是怎么办，名义上说是一样钱，但是实际上还是价格有高有低，比如说咱都统一一毛八，但是结账的时候我就给你算一毛七、一毛六，

---

[1]　因时间较长，当时浆纱协会并未存续很久，其章程并未得到当事人重视而丢弃，因而笔者只能从其口述中将大致内容写出。

就这样算了，别的家都知道啊，反正形式上一样。这样还是弄得有些浆纱厂可能排号，一天 24 小时说不定还忙不过来，有些浆纱厂可能没几个人去，一天也就干 5 个小时就没得干了。浆纱协会基本上就是形同虚设，纯粹没起作用。"（李某文，2012 年 8 月）

浆纱协会成立之后，所商讨好的规定并未起到作用，浆纱厂老板们以"形式一样，结账有差价"的做法实际上把浆纱协会从私底下消解了。浆纱协会消解之后，M 镇、寒亭、昌邑三个地区的浆纱业分离，织布企业仍然寻找三个地区中浆纱质量最好，而价格又最便宜的浆纱厂家。浆纱协会慢慢消解之后，那么 M 镇浆纱业中各个浆纱厂到底是如何参与市场竞争的呢？

正式治理结构在 M 镇不能起到应有的作用，那么在行业内部起替代作用的只能是非正式结构，即通过社会关系网络所建立起的信任关系来争取客户和保证浆纱的质量。M 镇作为一个乡土社区，内部社会关系网络纵横，或者血缘，或者亲缘，或者业缘，或者趣缘，等等，纺织业圈子都能够连成一个整体。浆纱厂在开展业务竞争客户时，通常还是依靠社会关系网络来联系客户，以日常的交往或者业务联系中建立的信任关系为纽带，将客户与自己连结成一个圈子，这样既能保证浆纱厂的客户源，又能保证浆纱的质量。非正式结构起到了一个良好的协调治理作用。

"协会没有起作用，他们怎么干的呢？还是借着些关系开展业务。织布的和谁熟，就去谁那里去。经常的情况是，有很多织布户，明明本村有浆纱厂，他就不在本村浆，去别村和他熟的朋友那里去。你比如说，那个文华和姚坤是干兄弟，他就不去别厂，就去他干兄弟那里去。这些熟人过来，浆纱厂老板也不能很认真地算市场价，怎么也得看个面子，让让钱。就算新织布户过去，基本上也都认识，也不会叫你吃亏，因为他也讲信誉，多争取几个客户。有些时候，过年过节的那些浆纱厂老板到那些织布厂里去坐坐，给点儿礼品，就是叫你去他那里去浆纱的。"（董某业，2012 年 8 月）

就现实中浆纱从业者和织布业主的关系来看，存在着一个个的小圈子，每个浆纱厂都有固定的客户群，每个织布企业都固定在一个浆纱厂浆纱，他们之间结成了一个稳定的交易网络。即使有新的织布企业成立，也一般是在朋友的介绍下到他所熟悉的浆纱厂。新的浆纱厂成立，也能依靠关系网络取得一大批客户前来。M镇浆纱业中虽然说依然存在着市场竞争，但是这种竞争主要是通过社会关系网络争取客户展开的。某些浆纱厂的倒闭也并非因为纯粹的市场因素淘汰，多在于其他原因，比如从业者性格问题、信誉问题、办事方式等引起别人反感而致使失去客户。

　　虽然本书是将纺纱、浆纱、织布这三个环节单独分开阐述的，但实际运作中这三个环节是紧密联系在一起的。织布作为一个重要环节，其他环节全都是围绕织布来运作，织布企业进行生产，是需要已经经过浆纱的棉纱来上机织布。棉纱销售和浆纱在M镇本地衍生出来，织布企业一般直接采用电话与这两个环节的从业者相联系，棉纱销售的从业者将棉纱运送到某一浆纱厂处理好棉纱，再将棉纱运到织布企业中来，基本上已经形成一个完整的生产流程，三个环节并非中断的。如果再加上外来布商前来织布企业收购布匹的销售环节，以及昌邑的印染环节，那么在M镇地区就能完成一个完整的宽幅布产业分工纵向生产链，即棉纱销售—浆纱—织布—销售—印染的分工网络。

二、横向分工网络的扩展：技术设备市场与织布业

　　M镇织布业所使用的机械设备是织布机，不论是原来的窄幅织布机还是后来的宽幅织布机，其中很多零部件是一致的。M镇织布业在20世纪80年代缓慢发展起来以后，在本地逐渐衍生出了专门的织布机配件的制造和销售行业、织布机的贩销和制造行业，以及其他一些相关纺织机械行业。M镇织布业从外地引进窄幅织布机、宽幅织布机，到出现配件行业的贩销和制造，以及后期的织布机的贩销和制造，M镇已经形成了一个比较完备的纺织机械设备行业和市场，为织布业的发展提供了一个充足的技术设备基础，织布企业所需要的纺织机械设备均能够在本地购买得到。

（一）织布机配件市场的形成

M 镇织布业虽然有历史传承，但旧式人力织布机的配件制造工艺完全不适合于现代以电力为动力的织布机。因此对 20 世纪 70 年代后发展起来的 M 镇织布业来说，与其相匹配的配件行业经历一个从无到有、由小到大的发展过程，配件行业销售的织布机配件也经历了一个从旧到新、从缺到全、从完全依赖外地输入外地输入与本地制造兼营的过程，配件行业的销售范围也经历了一个从专门供应本地市场到向全国发售的过程。

1. 织布机配件业的出现

M 镇织布业在社队企业时期最开始引进铁机织布时，基本上都是从国营棉纺厂和织布厂购买旧配件或者到昌邑的农机公司购买新配件。20 世纪 80 年代，M 镇织布业出现了第一批专门经营配件的人。这批人基本上都是通过亲戚朋友等关系网络的介绍到国营棉纺厂购买一些旧配件，回来贩卖给社队企业使用。M 镇从事配件贩卖的人可能先于 M 镇织布业的发展，当时 M 镇织布企业数量并不多，依靠本地织布企业并不能完全维持他们的生存，于是他们不但将从外地收购的旧配件供给 M 镇本地的织布机使用，而且还将其贩销到邻近的昌邑、饮马和寒亭等一些织布区。M 镇第一批从事配件行业者中的典型大概便是李某春了，他从事配件行业的过程便也是借助关系网络而取得配件货源的。从他家从事配件行业的过程，可以看出当时 M 镇配件行业是如何起步的。

"咱这里配件市场很早了，和织布是同步的。大约配件比全国别的地方还早，配件、旧设备、卖布、原料、印染就是个产业圈，一连串的。配件市场，那会儿咱这边织布机刚开始动，寒亭纸坊那边还早一步，大约就是 1970、1971 年的时候，李某春的家里有个亲戚是青岛那边国营棉纺厂里的，借着那个关系从厂里库底子里倒弄配件回来卖，那会儿上边还不让卖，那会儿还得藏着，怕叫人知道没收了，他老婆王梅就用自行车使麻袋包带着打梭板子之类的零部件就去北边固堤那边去卖，每个机房就进去问问要不要零件。他老婆算是个中用人，他们家的钱都是她赚起来的。这个钱积攒积攒，后来李某

春就在家里专门给机房里做纬线管，这些技术要求不高，他做了就卖给机房了。"（董某华，2012年8月）

随着M镇织布业的发展，配件从业者便一边在家加工一些简单的零部件，一边从潍坊、青岛等地的纺织机械公司批发新配件和从一些国营企业购买旧零件回来销售。由于配件需求量比较大，一些人便开始设立了配件门市部。进入20世纪90年代后，由于M镇宽幅织布机的引进而促使M镇织布业出现了迅速的发展，配件商店从一家逐渐扩展到七八家，他们有从最开始便从事配件业贩销的人，也有从其他行业转行来的人。配件商店的增多和从业人数的增加，使得配件贩销在M镇逐渐成为一个行业。M镇从事配件行业的人，基本都是有着亲戚网络关系，配件业的扩散也是顺着亲戚网络关系而展开的。

"后来，正好赶上国营企业改制，出了压锭政策，大厂淘汰旧设备，哪里有国营厂子就自己进去问问，能买着就买，买不着就再问别的厂，他们经常就是把大厂的一个车间包了，把旧设备旧零件弄回来。他们觉着这个买卖很好，还好挣钱，就这样在M镇开了配件的门头，到处到机房里去推销。咱这下边的乡镇企业和个体户能省钱还是省钱，他那些旧件也贵不了就能买他的。到了1990年之后，上机的多了，他们光倒弄旧机件也不够卖的，就开始到潍坊那些大配件门市部批发回来再卖。他一个叔伯兄弟，他也拉着他干的配件。到现在他们还干着。"（董某华，2012年8月）

配件行业在M镇形成后，单纯收购国营大工厂淘汰的旧配件不能满足M镇织布业日益发展的需求，而且在M镇织布机更新换代交接期，新旧织布机并存的局面能够持续很长时间，很多配件不能及时与各种新式织布机匹配，这就使他们广开货源，从全国各地批发织布机零配件以供应本地织布机使用。M镇织布机配件行业已经发展为一个比较完善的行业，不仅产品种类齐全，适用于从有梭织布机到无梭织布机的各种型号，而且M镇本地也能够制造部分配件，且随着M镇织布业在全国影响的扩大，配件业也将业务范围扩展到了全国织布机配件市场，实行跨区域销售。

2. 织布机配件的制造、批发和销售

随着织布机数量的迅猛增加，大约在1994年之后，M镇除了从外地输入织布机配件之外，本地也开始了配件的制造。织布机的主要配件有大架、墙板、六根大横梁、皮带轮、径轴、径盘、筘座、打梭板、电机以及其他一些比较小的零件，总共有1000多个零件。其中大件即大架、径轴、径盘、横梁、皮带轮等件都可以在M镇本地制造，承担制造的加工户主要是M镇本地及穆镇、杨庄等地的铸造厂，他们以前都是给潍坊拖拉机厂和其他机器厂代工的，随着织布业对织布机的需求旺盛，开始给潍坊纺织机械设备公司和其他纺织机械设备公司制造织布机配件。

其他织布机零件，由于工序繁琐或者工艺要求较高，一般都是专门的生产基地供给，都来自外地，比如小件从宁津收购，木件来自河北地区，筘座、皮结来自江浙一带，打梭板来自江西，电机则是从温州、青岛等地购进的。在最初，配件从业者都是从外地的大型配件门市部批发回来再零售出去，后期随着出货量加大，他们则是直接跟配件制造产地联系，大批量购进，再作为中转市场向外批发零售出去。批发业务一般都是供应外地，零售业务则是主要供应本地织布机使用。

M镇配件市场主要是本地配件销售商和外地配件供应商之间、配件销售商和织布加工户之间相互推广业务的过程中加强联系才慢慢形成的。

"李某春开起配件门头来，打听哪里卖件，就去哪里买回来成立倒贩子。一方面是咱这边的人出去打听，另一方面人家那边也出来推销业务，打听着过来的。你只要在咱M镇眉南路上安个配件门头，人家就进来问问，你看着合适就要了，业务多了就成了熟户。

"咱这里的配件门头别看着不多，全国有名。咱这里什么机的配件都有，需要什么需要多少都能买到。江苏的、西安的织布的都过来买。人家那些织布的就在朋友圈里互相打听哪里有零件便宜，还能买得全，可能就打听到眉村来了，来了能要全零件，一百台、二百台机的零件都能买到，也可能不全的时候，你要五十台的零件，不太够了就到眉村其余的配件门头问问，过去就能买过来。每家来买零件的买回去卖给外地去他们那里买零件的，这些卖配件的同行之间，能半批发价格买回来再卖出去，谁都能挣钱。

"M镇的配件销遍全国、购遍全国。可能是从江苏的皮结进过来，卖到江西；江西的打梭板子进过来卖到江苏。M镇的盘卖到河北，河北可能再卖到江西或者再出口。出口的人可能到不了M镇，但是有朋友圈、关系圈可能就买到了。"（董某道，2012年8月）

正如上面所讲，M镇配件市场购销遍及全国，已经形成全国层面的购销市场，很多外地的配件商都从M镇市场上批发回去再开展次级批发和零售，成为全国织布机零配件的一级批发市场，依次开展二级、三级、四级批发和零售。

"全国的织布机零配件批发销售主要就集中在那些纺织区，比如说江浙一带、福建一些地方、山东西边的一些地方。咱M镇的配件市场也是和它们的地位一样高的，销往全国，全国各地来搞批发，在外地一些门头，外地一些织布的，到这里买着回去卖。这边的件也是从外地进来的，但是从厂家进来的，不是从外边批发进来的。咱这边也是个一级批发市场，M镇和昌邑的配件市场，和潍坊纺织品市场似的，是一级批发市场，潍坊市场的布就从生产厂家买的布加工以后放到那里卖。咱这个配件也是那样，从生产厂家采购过来再发往全国各地，不是从卖的那边买过来。也类似义乌从全国买又卖往全国。"（董某华，2012年8月）

（二）织布机的贩销、制造行业

1. 二手纺织机械市场的形成

M镇从20世纪70年代第一次从外地引进电力织布机开始，就使织布机在本地生根发芽了。M镇使用的织布机，无论窄幅织布机还是宽幅织布机，虽然有部分是直接从纺织机械厂购买的新的织布机，但绝大多数都是全国各地棉纺厂和纺织厂设备更新换代的时候被转移过来的。前面我们讲过，M镇织布业发展过程中，"机贩子"在转移织布机方面起了至关重要的作用，他们在从事织布机贩销方面逐渐地形成了一个行业,即二手织布机的贩销行业,并在 M 镇形成了一个具有全国性影响力的二手纺织机械设备市场。这个二手纺织机械设备市场大约形成于 1997 年左右,位于 M 镇交通最为便利的 308 国道两侧,一字排开总共有十几个大院,既作为机械设备仓库,又作为门市部向外经营设备。每年从这些"机贩子"手中经手的二手纺织机械设备能有几千台,从 M 镇二手机械设备市场的成长轨迹来说,"机贩子"销售的纺织机械设备从供应 M 镇一个地区,扩展到向全国范围内各个纺织区调剂纺织机械的余缺。

随着市场销售范围的变化,"机贩子"销售方式也发生了变化。先前,他们是将购买到的二手织布机全部运回 M 镇市场,后期他们不光收购织布机,而且包括所有机械设备在内,也并不把纺织机械设备运回 M 镇市场,而是整体购买之后就地销售。

"在得知某一个纺织厂要更新设备时,机贩子及时得知消息,去跟那个厂管后勤设备的厂长建立联系,整个的全买下来。因为大厂更换设备,也不是一天两天的事,厂里也不急着你赶紧拆走。这些'机贩子'就在厂边上租个房子,当个临时代办点,把二手织布机的销售信息发出去,很快就会有人来买的。他们的联系广泛,全国朋友很多,比如他们纺织机械协会会员这些人,把有织布机的信息一传播,很快就能周到需要的人。'机贩子'这种销售方式,既省力又省事,相当于一个中介人,他们当第一道贩子,贩给第二道贩子,一层一层地就卖出去了。即使单纯地当个中介人挣钱,他们也觉着这样干划算。因为不用他们动手,只是发布信息,带着人去看,就把钱挣了。"(董某华,2012 年 8 月)

二手织布机市场就是在"机贩子"的贩销织布机的过程中形成的,至于"机贩子"群体的产生以及他们购买织布机的具体运作过程,本书第四章多有分析,本节不再多加赘述。

2.织布机的改装、制造和销售

M 镇织布机的改装主要是随着 M 镇织布业的迅速发展而出现的。在 1998

年左右,M镇宽幅织布业扩展最快的时候,即是当时宽幅布在市场上比较畅销,利润丰厚,很多人为了追求利润纷纷加入了织布行业,但当时二手宽幅织布机比较紧缺,难以满足M镇发展得非常迅猛的需求。当然,有些用户购买纺织机械公司生产的新织布机,但对于绝大多数资本较小的加工户来说,新织布机占用成本较高,还需要一定的磨合期,并不适用。在此情况之下,出现了两种满足织布业需求的解决办法。

一种办法是,很多加工户将原来的窄幅织布机改装成宽幅织布机用以生产宽幅布。虽然改装后的织布机性能和效率不如原装的宽幅织布机良好,但是这种改装极大地满足了当时M镇织布业迅速发展时期织布加工户的巨大需求。

"那个时候,咱这里上织布机的势头很猛,别看着咱这里织布使的旧机,但是那个时候旧宽幅织布机也进不来那么多,安机的户又多,根本不够用的。怎么办,有些人聪明就想了办法,自己改装。窄幅织布机和宽幅织布机的区别也就是宽窄上不同,其余的部件,比如墙板、大架子、电机什么的都一样,就是需要把经轴、横梁那些需要变宽的部件割断接上一块,再装起来就行了,其实也不难,这还得找会接的人。接得最多的就是把44机接成250、280。有些人会接,接出来的织布机也不难使,有些接的就不行,不是这儿出毛病,就是那儿浪费棉纱。不过,那会儿原装织布机进不来,咱这里接了一大些机,倒是很多户都能织宽幅布了。"（董某道,2012年8月）

另一种办法是,一些熟悉织布机性能的技工自己购买各种配件制造织布机。这些技工常年在织布厂里,维护着织布机的良好性能,保证织布工人进行正常生产。他们经常拆卸和安装织布机,对于各种型号的织布机运作原理非常熟悉,不用看图纸也能够将一堆散件按位置插装起来。他们在日常的工作中,不但要维护织布机的正常生产,有时还被雇佣去给新办织布企业拆卸、安装和调试织布机。因此,织布机对于一些比较熟练的维修工来说,是非常容易安装的,用一位维修工人的话来说,便是"闭着眼也能插起来"。一些头脑灵活、技术熟练、善于组织的维修工人便聘请一些工人,把自己家的院子作为工厂进行宽幅织布机组装。与改装织布机的情况一样，经过这些熟练技工组装出来的织布机虽然满足了当时很多加工户的需求，但与正规纺织机械公司生产的织布机相比，性能仍然有些差距。

"在咱这个圈内组机有很多优点，所有的件都能买全。你如果去了青岛还不一定能买到。潍坊有织布机械厂，M 镇也有织布机械厂，饮马也有组机的，就是全在咱这个配件圈里。

"插机很容易，咱这里没有买不到的件，什么机也能插了。有梭机，你想插，以前国营大工厂才能办的，只有国营厂子才能出织布机，现在什么人都能出，我也能插了。插机，缺什么件买什么件，咱是组织，什么配件都有，买进件来就能做，没有买不到的件，要多少机就能出多少机。这些机插起来稍微调调，插上电就能干。"（董某道，2012 年 8 月）

1997—2000 年间，在 M 镇织布业迅猛发展的时候，出现了很多组装制造织布机的小工厂，但随着 M 镇织布业的发展逐渐平稳起来，很多改装和小工厂组装制造的织布机被淘汰掉，很多以改装和组装制造织布机为业的人也逐渐改从他业。其中组装制造织布机的一些从业者仍然坚持了下来，渐渐地发展下去，生产规模也越来越大，发展成为一个较大的制造工厂。

"现在上剑杆织布机的，不愿意买插的，插的不如成机好用。咱这边剑杆机也有插的，驸马营就有一个人插着卖。国道北边也有一个插机的，大概叫王吉来，插了好多年了，现在搬坊子去了，仍然插机，发展得都成了一定规模了。这些插机的也很挣钱，专业了，光插机，往外卖。"（董某华，2012 年 8 月）

由于处于同一个圈子之内，出于利润的考虑，织布机配件业、纺织机械设备调剂市场、组装制造织布机的个体户都联系在了一起，配件业提供给组装个体户织布机零配件，组装制造成整机之后再经由"机贩子"的纺织机械设备调剂市场贩卖出去。这些组装的织布机连同国营大工厂淘汰的二手织布机通过"机贩子"的业务联系可能在全国范围内流通，甚至一同出口到国外。

"那些'机贩子'的能量奇大，旧织布机远销全国各个地区，名气越来越大,甚至把业务都能扩展到越南、缅甸、巴基斯坦等国。他们往外卖的织布机,不光是旧机,包括咱这里个体户制造的织布机也都跟着卖出去了。咱这里北眉村自己插织布机的那个人干得还不错,好像成立了个什么纺织机械公司,不知道有什么关系搞到外贸出口订单,他组装的那些织布机好像有些就往外国卖了。"（董某华,2012年8月）

三、横向分工网络的扩展：劳动力市场与织布业

阿尔弗雷德·马歇尔在论述产业集群理论时认为特定地区产业的持续增长会出现熟练的劳工市场,为产业的持续增长提供充足的劳动力资源。由此,共享的劳动力市场也被克鲁格曼认定为产业集群理论的三大关键要素之一。产业的持续增长催发了日益成熟的劳动力市场,而成熟的劳动力市场又为产业的持续增长提供了充足的劳动力资源投入,两者是相互依赖、互相促进的。纺织业是一个劳动密集型产业,M镇织布业的持续增长离不开M镇地区形成的劳动力市场,然而,M镇织布业相比于先前M镇历史上的家庭织布业来说是一个新兴的现代的产业,需要能够操作现代机器织布的技能熟练的劳工,对M镇本地来说却是没有的。那么,M镇的现代纺织业劳动力市场是如何发展起来的呢？结合研究需要,本书将对M镇纺织业劳动力市场的研究分为劳动力的主体来源、劳动力技能培训和劳动力与企业主关系三部分。

（一）劳动力的主体来源

我们分析M镇劳动力市场的形成,必然离不开织布业的发展轨迹。根据M镇纺织业发展的实际情况,我们按时间顺序将这部分分为本地劳动力为主时期和本地与外地劳动力结合时期。

1.本地劳动力为主时期（1970—1997年）

社队企业时期,M镇主要是以农业经济为主,绝大多数劳动力都被禁锢在农业生产上,生产队里集体劳动,统一安排农业劳作,劳动分配实行工分

制按劳取酬。农业劳作辛苦，而收成又少，终年忙碌，而分配极其有限，因而很多人都想脱离农业劳动以外出工作。只有极少数头脑比较灵活，且与村干部有所关联的人才能脱离农业生产，外出从事小生意，以生意所赚钱财向生产队买取公分，从而在年底分得粮食等生活资料。当20世纪70年代M镇社队企业兴起时，很多从业农业生产的劳动力争抢着去工作。M镇五六十年代还经营过一段时间的旧式纺织，很多人都曾经参与过里面的工作，因而也具备了一定的纺织劳动基础，第一批从事现代纺织业的工人就从这些具备纺织经历的人中间选取了。

"开起社队企业来，找工人就找那些以前干过纺织的人。咱这里以前干过纺织，很多人都有这个基础，我一说找人，都过来问我，谁都贪恋在屋里干活，用不着出去上地里干活风吹日晒的，多好啊。报名的人多，毕竟十几台织布机也用不过多少人，还是和谁熟，和谁关系好，就找了谁"。（辛某喜，2012年8月）

织布业所需要的劳动力分为女工和男工，女工叫挡车工，负责织布，男工叫保全，负责维修机器保持正常运转。在织布车间里，挡车工的比例是高于保全的，大体情况是一个挡车工能看4台有梭织布机，或者8~10台无梭织布机；一个保全正常情况下可以维修8台有梭织布机，几十台无梭织布机，但无论一个车间有多少台织布机，都至少有一个保全，即使有4台织布机也需要一个保全维修。因而，位于村子之内的社队企业刚刚兴办之时，规模较小，织布机不多，所需要的纺织工人也很少，基本上都是从本村寻找的劳动力。

20世纪80年代社队企业解体之后，M镇个体、私营纺织经济有所增加，这种增加量比较有限，甚至在90年代乡镇企业丝织厂成立引领了一片织布加工户之后，M镇织布业整体上也就是五六十户之多。这些个体私营经济大多数规模都比较小，有的是4台织布机，有的是8台织布机，有的稍多一点是12台、20台，能够达到50台织布机以上的则是为数很少的几家。因此，所需纺织工人数目仍然不多，在本地选取已经足够。当然，这个时期选取纺织工人不再局限于本村，而是在整个乡镇范围内。虽然M镇在20世纪80年代初生产队就解体了，但是直到90年代前期工业经济发展并不迅速，剩余劳动力较多，很多人很难找到适合且比较固定的非农劳动机会，因此，到纺织厂工作也是通过亲戚网络关系才能够进入的。关于那个时期M镇纺织业用工人数和人员进入的情况，我们可以从乡镇企业丝织厂和一些小加工户看出端倪。

"镇办企业丝织厂刚成立的时候，一共有12台织布机，36个人开，其中有三分之一是不干活的，就是进来的那些工人哪个不是谱着关系进来的。那个谁，他姐夫是车间主任，在家找不着事干，进来之后也不认真干活，整天吊儿郎当的，谁也管不了他。"（董某华，2012年8月）

"小加工户居多，一般弄个4台机，在家里老婆汉子就全干了，再不行就加上个孩子。那些机稍多点的厂子，也用不了多少人，去干活的也是得说着话的，说不着话也进不去，一个是人家不熟悉你，不敢用你，一个是那会儿干活的机会确实不多。看机、保全这个营生还算轻快的，在屋里下雨湿不着，刮风吹不着，工资基本上都能按时发。上纺织厂干活相对来说比较固定，有保障，不像别的营生在这里干几天，干完了再另找再去干几天，不长久。"（董某梅，2012年8月）

2. 本地与外地劳动力结合时期（1997年以后）

1997年之后，M镇纺织业有了一个大跨越的发展，织布机数量增加迅速，劳动力需求增大，本地农村剩余劳动力已经不足以支撑纺织业迅速扩张的用工需求了。这个时期，不但M镇本地很多其他行业的劳动力转入纺织业，而且M镇区域之外的很多劳动力也开始流入进来。最先是一些相邻乡镇和县区的劳动力参与到M镇纺织业中，比如M镇南面的穆镇、西边的涌泉乡等距离M镇比较近的一些村庄，以国防路相隔的北面寒亭区的一些村庄，以潍河相隔的东面昌邑境内距离M镇较近的石埠、岞山、金太、山阳、山阴、饮马等乡镇村庄。随后，则有更远地区的劳动力流入M镇纺织业中，这些地区有安丘、临朐、临沂、淄博等地，到了后期甚至有湖北、东北三省、河北、四川等外省的劳动力进入M镇纺织业。

外地劳动力进入M镇纺织业的原因主要有以下三个：一是M镇纺织业

迅速扩张期，用工需求猛增，本地劳动力不足，邻近乡镇的剩余劳动力流入进来填补需求；二是 20 世纪 90 年代中期时，昌邑境内纺织业由于政府收税较重遭受重创，很多企业难以经营下去，被迫倒闭，原先从事纺织业的工人为了继续以原来的手艺谋生，就纷纷跑到 M 镇纺织业中工作；三是整个 90年代，纺织业一直处于改革进程中，许多纺织国有企业破产倒闭，织布机随之流入个体私营经济中，下岗的大量纺织工人迫于生计也随着织布机的流动而转移，由于 M 镇织布机几乎全是从外地国有企业转移过来的，因此很多外地国有企业工人也跟着流入 M 镇纺织业。

"咱这里很多工人都是外地进来的，本地只占一小部分，大多数都是外边的。近的先不说，远的河东的、安丘的、昌邑的，再远的就是东北那儿的外省进来的。他们能过来，有些是跟着织布机过来的，他们以前都是大织布厂的工人，厂子倒闭了就跟着织布机走，很多湖北那边的，先是到了无锡那边，后来一些织布机到了咱这边，他们也跟着过来了。俺厂里小冯就是湖北人，他以前在武汉国棉厂当工人，这样的不少。东北的过来不少啊，他们过来倒不是跟着机过来的，他们过来是因为他们那边找不到活儿干，东北那两年经济不好，厂子都倒闭，工人下岗的下岗，转产的转产，咱这边好挣钱，他们和咱这边有亲亲的就过来了。"（董某梅，2012 年 8 月）

其他地区的劳动力能够流入 M 镇织布业，主要原因也不是单纯的市场机制调配劳动力在起作用，而在于存在于工人中间的紧密关系网络。外地工人能够进入 M 镇，首先是一个工人通过某种机会进入了 M 镇，因为 M 镇纺织业存在劳动力缺口大、赚钱机会多的情况，使得他将与其联系紧密的一些人也带了进来，这样在一个传一个的机制下，很多外地工人就得以进入了 M 镇纺织业。进入 M 镇纺织业的劳动力有些先前具备纺织技能，有些并不具备，而是进入之后学成的。

"外地人怎么进来的呢？那些湖北的是跟着织布机进来的，一个过来了，又拉着其余人过来了。俺厂里湖北的小冯以前在无锡干，后来那边机卖了，有一个朋友说那些机到了咱 M 镇来了，他跟着那个朋友过来看了看，又把其余的同伙拉了过来。

"东北的那些是和咱这边有亲戚。东北经济不好，他们听亲戚说这边好挣钱，就上了咱这边谋生。咱这里很多织布厂都有东北客，他们就是一个人过来陀啰陀啰就跟过一大堆来，什么七大姑八大姨的就过来了，过来了什么都干，开饭店的，干铸造的，种姜的，男的大部分干了铸造，女的就进了纺织。

"临朐的、沂水的那些地方的人穷，当地经济不好，找不着活干，他们广泛地出来打工。咱这边干铸造的有用着那边的人的，看着咱这边织布的买卖好，就把老婆孩子拉过来干织布，也是带过一大些人过来。

"邻近的穆村、埠上本来就和咱这边靠近，也说不上是外地的。昌邑那边尤其是河东的，他们那边以前干纺织，后来不行了，听着说咱这边干织布，就过来找活儿干，他们那边是好手，不用培训，过来就能干。带过一些人来，咱这边外地的很多都是河东的。"（董某梅，2012年8月）

M镇纺织业在2003年之后有过一次波动，其间很多小加工户倒闭，一些工人从纺织业流出，经过一段时间的休整，到2005年基本稳定下来。受此影响，M镇外来劳动力有所减少，但仍占相当一部分。据业内人士估计，M镇纺织业现在常年仍然保有15000个劳动力，外地工人能够占到一半之多。M镇劳动力的主体来源无论是本地为主时期，还是本地与外地结合时期，工人流入M镇纺织业都是社会关系网络在起着很大的作用。

（二）劳动力的技能培训

纺织业虽然技术含量低，但仍然要求工人具备一定的技术。工人需要经过一段时间的培训才能获得相应的纺织技术，得以对机器进行正常操作。纺织业作为M镇的一个现代行业，虽然以前本地有过基础，但现代化纺织机械操作的技能并不具备，需要外来技术人员在本地传授。技术在M镇传授之后，也还涉及技术在内部的传播过程。因此，本节将劳动力技能的培训主要分为技能的外地传授和技能的本地传播两部分。

1. 技能的外地传授

20 世纪 70 年代，M 镇社队企业引进了第一批现代电力机器织布机，也开启了 M 镇的现代机器织布业。M 镇先前纺织业的基础为现代织布业奠定了一个基础，但还是有着些许差别。为了使工厂正常生产，工人必须学会如何操作现代机器织布机。M 镇原来很多在国有企业工作过，后被下放回来的工人则充当了培训工人技能的师傅。

"咱这里有很多 1962 年下放回来的潍坊国棉厂的工人，他们在国营大厂子干工，都操作过这些机器，其中有一些还是好手，就那么下放回来了，后来也没回去。我经办着俺村的社队企业，从西安买回织布机来，找了些人过来干，看着是个电力动力机，和咱以前用脚蹬的铁机不大一样，电力机速度快，操作上需要快，咱这儿的人都没接触过，不太敢干。我就找了俺村那个按辈分来说叫五叔的过来，他以前在潍坊国棉厂里当工人，下放回来就在家种地，我把他叫过来指导着工人开关机、换梭、接线、修布，零七八碎的一大堆，培训了几天就都会了。那个东西不算难，就是没基础的干上几天也就会了。"（辛某喜，2012 年 8 月）

挡车工织布的技术就是这样习得并在 M 镇生根的，此后尽管 M 镇织布机从窄幅织布机换成宽幅织布机，从有梭织布机又换成剑杆织布机等新无梭机型，挡车工的织布技术都大同小异，很快就能变通过去。但是除了织布技术之外，其他能够保障织布厂正常生产的技术也是外地传授的。保全工的织布机维修技术虽然也是如此，但 M 镇织布业迅速扩张用到大量保全工，而保全工的培训要经过一到两年时间才能出徒，这种情况下如果由单一传授源进入必然跟不上织布业的发展。经过调查了解，我们知道维修织布机的技术的向 M 镇纺织业的传授是分为好几个渠道的：一是社队企业时期，由下放工人传授维修技术，培训了一批保全工；二是乡镇企业丝织厂发展时期，青岛国棉厂退休工人培训了一大批保全工，这批保全是后期维修技术在 M 镇内部扩散的主要火种；三是 20 世纪 80 年代末 90 年代初进入外地纺织厂工作的一批青年人，他们通过招工机会进了某个外地纺织厂，工作了几年之后，也将维修技术带回到家乡。这三批保全是 M 镇维修技术传播的主要源头，为 M 镇织布业发展准备了技术力量。此后 M 镇织布业在更新设备、从有梭织布机向无梭织布机过渡的时候，传授源则是来自江苏、浙江等纺织业比较发达的地区。有梭织布机和无梭织布机构造不太一样，自然也没有织布技术那么容易变通，因此无梭织布机的技术还是从外地传授进来的。

"无梭织布机比有梭织布机构造更麻烦，性能也不一样，没弄过无梭机的还弄不了，没敢下手的，咱这边无论安装无梭织布机的还是最开始维修的，都是南方过来的人。南方江苏无锡、南通的，浙江柯桥、萧山的那些地方比咱这里纺织业发达，他们那边就生产剑杆织布机，很早就来昌邑那边安了维修点，后来咱这边大批换无梭织布机的时候，也是那些人来安装的。后来，咱自己这边无梭织布机多了才都学会的。"（董某华，2012 年 8 月）

在浆纱业方面，我们在前面章节已经讲过，M 镇开启第一家浆纱厂时也是聘请的外地熟练技工当师傅来传授的浆纱技术。在制造标准比较高的布匹方面，尤其是在一些签订合同的外贸布和品种布上，本地的织布工人技术不足，企业主只能从外地聘请师傅过来传授特殊的技术。

"1993、1994 年的时候，我干宽幅机给外边织合同布，那个布要求高，原来我用着咱自己的人织布，织出布来送过去之后，人家那边说不行，怎么个不行法，就是咱这边工人就那样织出来的布，在调经线纬线上标准不大够，人家要求一斤几米布，必须照那个标准来。还有，咱这里的工人不会修布，有时候断线之后再接上，织出来的布不平整，上面有个残，这都需要好好修。我和潍坊那边经常来往，熟了，就聘着大厂子的退休工人过来帮着给我修布，指导工人织布。织品种布的时候，高薪请那些老师来，好几天才一回。直到现在，遇上一些布不会弄的时候，还是得从潍坊聘老师过来。"（范某坤，2012 年 8 月）

2. 技能的本地传播

M 镇纺织业的发展历程虽然有几十年的时间了，但从未有过专门培训纺织工人技术的机构。纺织技术的培训和传播都是在车间内部通过师傅带徒弟的方式进行的。一般是女工学织布，男工学维修。女工学织布直至成为一个熟练的挡车工需要 15~45 天的时间，男工学维修要成为一个合格的维修技工根据个人资质需要半年到一年多的时间不等。在车间内进行的这种师傅带徒弟的传授方式必须征得雇主的同意，学徒要进入工厂学习技能以及跟随哪个师傅学习，必须要依靠熟人引介，否则单凭自己很难进入一个工厂学习技能。我们可以从一个男性工人的话中，看出当时学徒工学习织布维修技能的情况。

"我大概十五六岁的时候初中毕业下了学，得找活干，咱这里机房多，就进机房学看机，我学看机的那个厂是俺姑家里开的，不认不识地去学一般厂子不要。那会儿是无梭织布机，跟着那些熟手学织布，她们先教开机、关机，她们织布的时候叫你在边上看，边干活边教你，教着换梭、接线、打泸沽，她们有时候累了歇歇，就叫你顶着干上一会儿。我刚开始学的时候，车间里机器轰隆的声很大，受不了，待了好几天才适应了。刚开始换梭、接线的时候，手也慢，有时候接半天也接不好，一个班下来根本比不上人家那些熟手，经常是人家能织二十多米，我也就能织十来米，织的跟不上趟，老板其实不愿意要新手，不但效率不行，还浪费电、浪费棉纱，但是那会儿缺人，基本上新手叫老手带着差不多一个月就学会了。

"一般是女的学看机，男的学保全。我是男的，觉着看机是女的做的事，再就是比保全轻快些，我后来就学保全。学保全时间长，聪明的能有半年就差不多顶班了，笨点儿的怎么着也得学个一年多。挡车工一天干8个小时，保全是24个小时全顶着，熟手保全带徒弟的时候，他们就觉着找了个替干活的，小事都找学徒的，他自己去睡觉，徒弟干不了的情况才去找老师干。其实这样也好，学徒的多干点儿，学得快，基本上小毛病几个月就能修了，但是大毛病还得跟着老师学。有时候，他们拆机安装的时候，咱在边上打下手，那个时候学得最快。保全学会了之后，如果老板还得多安机，就把你留下，如果不多安机，你学会了要走，老板也不嫌弃。反正你学徒的时候给不了你多少钱，还帮他干了活。"（董某波，2013 年 8 月）

M 镇纺织业发展所需要的大量技术工人都是在车间内通过学徒制的形式培训的，学徒制是嵌入在关系网络之中的，工人培训的路径都是在某种熟人网络之间展开，不依靠关系网络不仅难以进入车间这种技能培训场所，而且也不可能找到合适的师傅传授技能。

自 20 世纪 70 年代开始，M 镇纺织业作为一个现代行业兴起，其所需要的技能 M 镇本地缺乏，必须从外部引入，纺织业在内部的兴盛也需要技术的内部传播。但无论是技术的外地传授，还是本地的内部传播，都是嵌入在关系网络之中的。纺织业的第一批技能都是来源于外部的，是企业主通过各种关系网络将技术引入进来，之后才在内部扩散开的。纺织业技能的内部传播也是通过关系网络展开的，其中学徒与师傅、学徒与雇主之间都存在着某种社会关系，技能也就在这种关系网络中得到了广泛的传播，也为 M 镇准备了大量的熟练技术工人。

（三）劳动力与雇主的合作关系

M 镇纺织业中的企业属于中小企业，企业性质都是个体、私营经济，在劳动用工上没有严格的规章制度去约束工人的行为和企业主的行为。工人们属于临时工性质，不能对雇主提出多少要求，雇主自然也不能过分约束工人们的行为。工人与雇主之间通常都是合作的关系，两者合作的时限并不固定，可以是几个月，可以是一年，甚至也可以是几年时间，但是绝大多数的合作关系是保持在一年左右，工人的流动性较大。那么 M 镇织布业中存在于工人与雇主之间的这种短暂合作关系是如何达成的呢？工人是如何寻找工作，雇主又是如何寻找工人的呢？

从工人角度来讲，工人寻找工作首先是打听哪个工厂效益比较好，雇主待人热诚，口碑好，关键是不拖欠工人工资，然后通过在那个工厂工作的工人，或者找与雇主关系熟络的亲戚朋友推荐，进入他们心仪的那个工厂。一般来说，M 镇纺织业中工人与雇主之间并不签订劳动合同，这种通过关系网络寻找的工作能够保证工人在雇主那里不受歧视，增强工资结算的确定性，减少拖欠风险。即使工人遇上别的事情需要辞工，就算没有达成原先承诺的工作时限，有熟人网络的存在也不惧怕雇主会因为他们失信而减少工资额度。

　　"俺找地方干活，都是找老板好的，不拖欠工人工资的，有事也好请假的，逢年过节还分东西的，不过分不分东西不是关键，关键是不拖欠工资，别的地方工资什么标准他们也什么标准就好。口碑好的老板那里，工人一般都不缺，很多人都抢着进去，所以说你要是想去那些厂就得年前提前说下，过年之后再说肯定没你的份儿了。你自己去说不一定能行，一个是老板不了解你，一个是你自己怎么说呢。都是通过在那里干活的工人介绍过去的，或者和那里老板熟，说说就过去了。过年过节的时候厂子分东西，很多工人还是看重这点的，有些厂子分东西，有些不分，反正工资都一样，工人都愿意去分东西的那里去。这说明老板会收买工人的心，能养住人，对工人好，所以工人都托关系去。"（王某珍，2013 年 8 月）

　　从雇主的角度来讲，雇主寻找工人，也是找寻认真工作、技术熟练、能较长时间工作的工人。对于新开的织布厂来说，雇主不能分清哪些工人符合选择标准，为了进行生产，只要能够找到就招纳。但是对于开办时间较长的工厂来说，雇主都有了一些比较固定的工人了，再招纳工人都可以让厂内工人推荐人选，或者对某些工人熟悉了，再去找寻过来工作。雇主通过熟人关系网络寻找符合标准的工人也是为了保证生产的稳定性，确保工厂在开工时不至于让工人耽误任务、浪费原料，在工人之间产生矛盾。

　　"咱找干活的，就是找点实的，认真干活的，不浪费的，脾气好的，最重要的就是能干住，别干上十天半个月的就不干了，耽误任务。工厂工厂啊，遇到好工人很关键，工人的熟练程度、做事孬与好很关键。干一样的活，技术好的和技术孬的，一月差距好几百。不好的工人不好辞退，尤其是本村的。辞人比找人还难，我干了十几年，我辞了两个人，辞了河东的两个人，觉着事太多，煽风点火的，好搞点小动作，辞掉了，辞了这两个人都不和我算完。再一个就是，自己本村的，辞人比找人还难，找个人好说，辞人很难。因为有些结了婚的挡车工，经常有事不干了，或者是有些家里种姜的、种草莓的，闲的时候就出来干，忙的时候就不干了，经常出现缺人的情况，咱再找人就先找自己厂子工人推荐，等找不来，就自己去找那些以前了解的车工，叫她

们过来顶几天班。"（董某梅，2012 年 8 月）

　　工人的流动性大，对雇主来说也并不会造成很大影响，因为 M 镇纺织业中已经形成了由大量熟练技工组成的劳动力市场，并不缺少工人，每当一个工人因为一段时间有事而辞工时，雇主能够马上找到另外的工人过来顶替。正常情况下，工人这种单方面的终止，必须事先跟雇主通知一下，否则非但会影响工厂正常生产，也会使自身在雇主眼中留下一个"随意""不懂事理"的印象，以后在 M 镇的纺织业中再难找寻工作。同理，如果雇主经常拖欠工人工资、对待工人态度恶劣，口碑不好，也很难找到好的工人。因此，工人与雇主之间的合作关系是一个相互考验的过程，在这个过程中，社会关系网络起了很大的作用。

　　M 镇织布业在生产规模扩大之后，出现了外部规模经济，相应的配套行业便衍生出来。这些配套行业的出现虽然主要出于织布业在 M 镇的集聚效应，但更多的是经济活动者依靠自身所在的社会关系网络而使其发展起来的。比如支持织布业发展的纵向生产链中的棉纱销售业和浆纱业，以及横向辅助的织布机配件市场和织布机贩销、制造行业，都是经济活动者出于对利润的追求依靠自身的各种社会关系形成的配套行业，劳动力市场以及劳动力的技能培训也不例外，劳动力向 M 镇纺织业的汇聚和技术向 M 镇的传授和在内部的传播，也都离不开各种社会关系网络的作用。主体的织布业与辅助的配套产业之间相互联系、互相促进，共同构成 M 镇的纺织产业分工网络，即产业集群的网络结构。M 镇纺织产业集群是嵌入在各种社会关系网络之中的，配套行业的形成以及与主体行业形成专业化的分工和协作，都是由社会关系网络起始而逐渐过渡到产业分工网络的，产业分工网络是一个包括社会网络关系和产业关系在内的地域网络结构。

第六章　结论与讨论

一、结论

　　20 世纪下半期，在世界范围内涌现出了数量众多的产业集群现象。产业集群作为大量相关企业在特定地区内基于专业化分工与协作基础而形成的空间聚合体，具有巨大的规模优势和竞争优势，为区域经济的增长和发展贡献了巨大的力量，已经成为推动区域经济发展和增强国家竞争力的一种区域经济发展模式。我国自改革开放以来，从计划经济体制向市场经济体制转型的过程中在广大乡村地区中也出现了大量的原发型产业集群现象。这些原发型产业集群所在的乡村地区大多自然资源缺乏、现代工业基础薄弱、空间区位优势缺乏，且从未得到国家政策倾斜，那么在这些地区是如何产生产业集群的呢？产业集群的形成机制是什么？这就是本书的中心问题。

　　西方学术传统历史悠久，很早便有学者对产业集群这种特殊的经济组织现象进行了研究，发展到今天，已经形成了诸多关于产业集群理论的经典文献。这些文献有关注微观层面的市场机制分析视角，有关注中观层面的嵌入性分析视角，有关注宏观层面的制度主义分析视角，然而这些分析视角是基于西方经济社会环境中的产业集群现象的，对于解释产生自中国经济社会环境中的原发型产业集群现象有所不足，不能较好地认识关于中国原发型产业集群是如何形成的这样一个非常重要的理论和现实问题。对于这个问题认识不清，也使得中国地方政府通过培育产业集群促进区域经济发展的努力屡受挫折。

　　首先，市场机制的分析视角强调自由市场的竞争使得企业和生产要素向特定地区集聚，特定地区通过规模报酬递增形成优势地位，从而形成产业集群。

然而这种分析视角还是过分相信了市场机制的资源优化配置作用，没有考虑到中国原发型产业集群是在计划经济背景下产生的，非但企业不能自由选择区位，而且生产要素的获取也存在着制度壁垒，况且中国原发型产业集群所在的乡村地区缺少区位优势，地区集聚向心力吸引企业向该地集中更无从谈起，虽然克鲁格曼指出了历史上的偶然性事件对产业集群萌芽的重要作用，然而并未挖掘出历史事件如何对后世产业集群起作用的内在机制，况且规模报酬的递增也需要市场机制在统一制度环境下持续发挥作用。这种市场机制的分析视角用于解释西方社会的产业集群现象有很大的适用性，但用于中国这样一个制度变迁剧烈、市场机制不能充分发挥作用、各项规章制度不健全的经济社会中，是有着很大局限性的。借用这种分析视角来解释中国原发型产业集群现象的部分中国学者，也过分强调了市场机制的作用，没有充分将其他因素考虑在内，比如中国特殊的制度环境、某些行业的改革和某些地区的文化环境等。当然，产业集群作为一种经济组织现象，它不能完全离开市场机制发挥的作用，而且很多时候市场机制作为一种非常重要的基础性机制，对经济主体的行动方向起着基础性的调节作用。

其次，制度主义的分析视角强调国家或者政府在经济发展中的制度建构和产业政策的作用，通过国家的努力使得很多资源向某些地区集中，或者某些行业得到特殊政策照顾而得到迅速发展，进而形成一个集群。然而，这种视角还是过分强调了国家或者政府的力量在宏观层面上对产业集群形成的驱动作用，不需或者很少考虑市场的基础作用，认为只要有了国家的制度建构和产业政策，特定地区的集群是自然能够产生的。比如，地域生产综合体理论无疑是强调了政府在打造工业区的决定性力量，增长极理论强调了政府在推动特定地区经济发展形成竞争优势的主导力量，"政府决定论"的色彩比较浓厚，集群的形成要完全或者主要归因于政府或国家的力量。而政府制定的制度建构和产业政策对经济发展和产业制度形成具有重要作用，但这样一种宏观的结构框架难以弄清地区经济是如何从散乱变为集群的。制度主义的分析视角不适用于解释中国的原发型产业集群，中国的原发型产业集群生发于乡村社区，对于重视城市经济发展的地方政府来说，很少为重视乡村地区经济发展而制定或调整产业政策或者制度建构，或者提供直接的推动力量。况且，即便是有，比如中国学者研究原发型产业集群时，也是更多地强调改革开放的制度背景给个体私营经济带来的解放，或者如某些苏南地方政府对乡镇企业实际的推动力量，但也无法解释产业集群起始期，特定地区的人们是如何进行行业选择的，以及各个经济主体是如何形成分工与协作的集群体系的。

再次，嵌入性的分析视角强调关系网络和社会资本在经济发展中的作用，经济主体通过所在的关系网络和利用社会资本获取物质、能量和信息以支撑经济获得发展。它不同于市场机制强调市场竞争作用的微观分析，也不同于制度主义强调国家和政府力量的宏观分析，而是一种介于两者之间的中观分析。嵌入性分析视角是近年来产业集群分析的一种主要取向，通过这种视角来分析特定地区产业集群现象，能够寻找到内部经济主体之间的社会联系和整个地区的产业氛围，以及内部的专业化分工和协作的网络结构。作为一种中观分析，它还是具有某些局限性，严格来说它属于一种近因分析，只局限于一时一地的分析，而没有关注到长期的历史因素和宏观的制度环境因素所起到的作用，对于分析一个长期的历史现象来说并不十分可取。在这种视角下对中国原发型产业集群做出分析的中国学者也关注到了地域文化对产业集群的起始和萌发的重要作用，关注到了社会资本和社会关系网络在产业集群内部相互作用的机理。但是太多的研究是使用单一因素来分析集群形成，很少有人能够将产业集群的整个形成过程解释清楚，很多学者的解释过于简化，对于原发型产业集群中缺乏技术优势的主要产业如何成长并确立竞争优势缺乏可信赖的解释，绝大多数归之于市场竞争所产生的集聚力，忽略了中国行业结构改革和变迁所带来的影响。中国原发型产业集群的形成过程比较复杂，并不是只由一个因素就能解释得清楚。

改革开放后中国乡村地区出现的数量众多的原发型产业集群，一般分为两种类型，一种是具有一定历史产业基础的产业集群，一种是偶然特定原因引进的某种行业发展成的产业集群。本书倾向于解释具有一定历史产业基础的产业集群。鉴于中国原发型产业集群的形成比较复杂，因此本书采取嵌入性视角，也充分注意到了历史因素和外界环境制度变迁的作用，建构出一个"历史、技术变迁和社会关系网络构成的重叠机制"来解释原发型产业集群从产业起步，到形成竞争优势，再到形成集群的复杂过程。产业集群形成的三个阶段是一个连续发展、不曾间断的过程，前一个阶段与后一个阶段之间既有区别又有联系，不能严格分开，只是在每个阶段发展时其中便有一个关键因素起到主导作用，其余两个因素起到次要作用，随着后一阶段的到来，三个因素之间的地位也会同时出现变化。历史就如一个幽灵，有时可以表现为一种历史意识、有时又可以变现为一种历史事实，有时则变现为一种历史经验，总之，历史无处不在，影响着人们的思维和意识。经济活动必然离不开一定的技术和伴随着不断的技术变迁，技术的刚性作用是促使产业取得迅速发展的决定因素。社会关系网络也是无处不在，人们生活在社会里，离不开与其他人打交道，某种程度上说，所有的经济行动和产业发展都是嵌入在社会关系网络之中的。因此，产业集群的形成必然离不开三者的共同作用。

在产业发展的起步期，历史因素起到了主导的作用，阐释了人们选择创业时的习惯性思维和潜在的发展基础，解决了人们行业选择和进入的问题，这也是某种行业的产业集群为什么在一个地方发生而不会出现在另一地方的原因。技术变迁和历史上遗留下来的社会关系网络作为次要因素为产业的真正成长提供了必要的条件；在产业的迅速成长期，技术进步作为主导因素，为产业在区域内部的迅速发展成长以至具备巨大的规模优势和竞争优势起到了决定作用，它作为一种刚性因素要在区域内迅速扩散并发挥出应有的效率还要依赖于早期使用者的历史经验和各种社会关系网络为其减少风险和不确定性；在产业集群的形成期，社会关系网络作为一种主导因素为各种生产要素集聚到特定地区起到了非常重要的作用，从而为区域内部形成配套产业和分工网络起到了关键作用。社会关系网络的存在也并不是凭空而来，它取决于先前经济活动者的各种历史联系，技术变迁的因素也存在于配套产业的发展之中。因此，从产业集群的整个形成过程来看，以历史、技术变迁和社会关系网络构成的重叠机制具有一定的解释力，而其中所涉及的三个因素也彼此紧密勾连在一起，不可分离，随着产业集群发展阶段的不同而出现一个动态的变化。

依据上述分析，本书来解释 M 镇纺织产业集群的形成过程。M 镇民国时期曾经是一个比较有名的家庭织布区，但新中国成立后不久便中断了。自 20世纪 70 年代开始，M 镇织布业又重新开始，经过三十年的发展，最终形成了一个比较完备的纺织产业集群，成为全国比较有名的宽幅布生产专业基地。M 镇地处乡村，非棉产区，区位优势不明显，现代工业基础缺乏，没有政策倾斜和地方政府支持，那么是什么原因导致在这样一个地区形成纺织产业集群的呢？通过深入考察 M 镇纺织产业的发展轨迹，我们可以发现它有三个比较重要的时间节点，一个是 1970 年，一个是 1995 年，一个是 2000 年，据此三个时间节点，我们可以将其分为三个时间段，即 1970—1995 年是 M 镇纺织业的起步或者复兴阶段，1995—2000 年是 M 镇织布业迅速发展具有规模优势和竞争优势的阶段，2000 年之后，则是 M 镇配套行业逐渐衍生并且成型的阶段，M 镇纺织产业通过这样三个连续阶段的动态发展逐渐形成为一个集群。产业集群作为一个比较复杂的经济社会现象，它的形成是一个长期的历史过程，必然受到多种因素的影响。那么，M 镇纺织产业的发展以至形成集群也是在多种因素作用之下的。

在 1970—1995 年的纺织业起步阶段，M 镇历史上的家庭织布业传统、人们关于织布业的集体记忆影响了 M 镇人们在选择创业时的方向，自然而然就选择了织布业作为发展的行业，这也是决定 M 镇发展纺织业的一种历史意识。M 镇人们利用先前历史上存留的各种社会关系网络为发展织布业带来实质的生产资料、市场和技术设备等必要条件，这才能使得 M 镇发展织布业从一种意识成为现实。总体上来看，如果人们没有关于织布业的历史意识，未必能够选择织布业作为创业方向，也更不会发展出实际的织布业来。从 M 镇产业集群的整个形成过程来看，这个阶段为 M 镇纺织业的最终壮大奠定了必要的基础。

在 1995—2000 年左右的纺织业快速发展阶段，20 世纪 90 年代的纺织工业改革和国企限产压锭政策在贩机从业者的活动之下，将其他地区的宽幅织布机转移到了 M 镇中，替换了 M 镇织布业原有的窄幅织布机，实现了织布业的技术变迁，非但如此，早期采取宽幅织布机生产的织布企业为后期人们大量进入宽幅织布业提供了一种经验意识，吸引和鼓励了人们从其他行业流向织布业，同时，这种经验意识与社会关系网络的共同作用为宽幅织布机的扩散和人们进入织布业减少了信息缺乏的风险，提高了确定性。由此，M 镇织布业获得了大跨越的发展，形成了巨大的规模优势，而且随着 M 镇宽幅织布业优势的形成，原本存在于其他地区的宽幅布市场也随着被吸纳并转移到M 镇，从而在全国确立了宽幅布生产的竞争优势。在这个阶段，我们可以说，没有宽幅织布机这种 M 镇织布业来说相对较新的技术设备转移过来，M 镇织布业如果不能实现从窄幅织布机向宽幅织布机的技术变迁，它是不可能取得巨大的规模优势和竞争优势的，因此，技术变迁在 M 镇织布业的快速成长阶段是一个非常关键的因素，起到了主导作用。

在 2000 年之后的纺织业形成集群阶段，社会关系网络使得外部的各种生产要素汇聚到 M 镇，为织布业的迅速发展准备了充分的条件，形成了专业化的配套产业，当然，这必然是离不开织布业作为主导行业带来的外部规模经济效应。但没有社会关系网络的作用,外界的生产要素也没有渠道会流入进来，社会关系网络起到了充分的纽带和沟通作用。在区域内部，主导的织布业与配套产业形成相互的专业化的产业分工网络也离不开社会关系网络的作用。总之，配套产业的形成和产业分工网络的出现是与社会关系网络分不开的，社会关系网络起到了一种沟通和"润滑"的作用。M 镇这个区域内存在着完备的配套产业，并与主体的织布业形成了产业分工网络，我们就可以说它已经成为一个专业化产业区了，成为一个纺织产业集群了。

依据上述分析，本书认为，通过"历史—技术变迁—社会关系网络的重叠机制"能够解释 M 镇纺织产业集群的形成，而且这个重叠机制中涉及的三个因素在产业集群的三个连续发展阶段中，随着产业发展阶段的变化也呈现出一个主次地位不断变化的动态重叠形式。

二、本书的创新点和讨论

（一）解释逻辑上的创新

对于中国乡村工业化过程中原发型产业集群的形成机制，国内学者已经做出了很多研究，但能够一以贯之对整个产业集群做出合理解释且令人信服的研究并不多见。本书将产业集群的形成过程严格地分为三个阶段，即产业的起步期、产业的快速成长期和产业的集群形成期。每个发展阶段均有对应的主导变量和次要变量，既能考虑到历史因素作用，又能考虑到宏观的制度变迁和行业结构因素，还能关注到微观的经济活动者之间的互动过程。将各个因素的建构成一个"历史—技术变迁—社会关系网络的重叠机制"来解释原发型产业集群的形成。虽然某些研究也关注到了整个产业集群的形成过程，比如金祥荣、朱希伟的《专业化产业区的起源与演化》将专业化产业区的兴起解释为产业特定性要素的空间集聚，但关于历史演化过程中出现的产业特定性要素是如何对后期产业重新开始起作用的并没有进行很好的分析，也没有严格将其运用于一个完整的产业集群案例中来观察这种逻辑是否可行。其在后续产业区发展中也没有考虑宏观制度因素，仅仅是运用生物种群竞争模型将特定地区吸引企业集聚的向心力归因于市场竞争，对配套产业的形成也只是归之于"自然而然"。本书以 M 镇纺织产业区为例，一以贯之地分析了产业集群的整个形成过程。历史、技术变迁和社会关系网络随每一阶段的发展而呈现出一个动态的主次地位变化形式，共同作用于产业发展的每个阶段。

（二）讨论部分

考察 M 镇纺织产业集群的形成机制，其实也就是要考察 M 镇纺织业的发展历史进程，按照时间顺序能够清晰地把握每个阶段的发展逻辑，找出每个阶段的内在主导因素及其发生作用的机理，既不过分简化，又不显得复杂混乱，清晰而又合理。本书解释了某些后发型产业集群的形成过程，对于当前中国东西部产业布局以及某些劳动密集型产业的跨区域转移也有着现实意义。近年来东部沿海地区因为政策优惠减少、工业用地不足和劳动用工成本上涨，在进行产业升级更新换代时，倾向于发展高新技术产业和资本密集型产业，而不再发展劳动密集型产业，导致大量劳动密集型企业倒闭或者迁出。因此，国家在进行总体产业布局时，可以将东部地区迁出的劳动密集型产业转移到中西部欠发达地区，利用当地的廉价劳动力和充足的工业用地以及广阔的市场，不但可以使当地人达到充分就业，还可以帮助这些地区实现经济快速发展，拉动经济增长。

另外，政府在培育产业集群时，也要注意把握产业集群形成的机制和规律，但是个别地方政府的做法却是盲目开设工业园区，想当然地认为把企业拉到里面便可以形成集群。实际上，按照产业集群的要义，如果园区内没有一个优势的产业作为主导，各个企业也不同属相关行业，不能建立有效的分工与协作联系，只能表面上达成"集聚"而无法真正产生集群。因此，政府如果想要建立工业园区、培育产业集群，首先要考察好区域内具有基础的行业，以这样的行业作为主导，提供健全的基础设施建设和政策优惠，在适当情况下，帮助主导产业技术设备升级换代，确立相对的领先优势，在招商引资时也要注意吸纳相关行业的企业进入，在一定的政策导向和制度扶持下鼓励和促进园区内相关企业间形成专业化分工与协作的网络化结构，可能工业园区就具备了关于某一产业的集群优势了。

英国著名历史学家阿诺德·汤因比说，任何一个文明都将经历起源、成长、衰落和解体这四个过程，不过，文明的这种周期性变化并不表示文明是停滞不前的，在旧文明中生长起来的新文明会比旧文明有所进步，换句话说，如果一个文明能够成功地应对挑战，那么它就会诞生和成长起来，反之，它就会走向衰落和解体（阿诺德·汤因比，2009）。幸运的是，M镇纺织业的历史辉煌虽然经过短暂中断，但它并没有解体，而是传承了下来，又在适当的时机下获得了新生，从旧式的人力织布机为主的家庭纺织副业发展为以现代机器生产为主的工厂纺织业，这是比原来旧式纺织业更有进步的新生。虽然 M 镇织布业与发达地区的纺织业相比仍然显得较为落后，但是我衷心地希望 M 镇纺织业能够一直延续下去，不管经历何种制度，它都能够不断吸收外界先进技术取得进步发展。

附　　录

附录一：眉村方碑事件

"眉村方碑"是眉村织户共同抗暴抗税斗争的历史见证，此事件于 1917 年春发生在织布业最为繁荣的南眉村，共历时 18 个月，至 1918 年 9 月取得彻底胜利。这场斗争，是织户们同心同德共同打击欺行霸市的行为，它使官府介入、听从民意，维护了织户们的正当利益，保证了交易过程中的正常秩序。

正文中已有提及，潍县织布业当时的盛况，从眉村集的交易过程中就可以看出来：眉村市集，72 家饭馆，24 处银号；大小车辆满载棉纱白布，川流不息，一个集日成交额常常突破十万银元，这样的数字十分惊人，放在别的城市也很难达到。织布业的兴盛，贸易额的增大，引起了一些地痞豪强的发财邪念。这些人全然不顾"宽幅"织布业尚处于萌芽状态，毫无民族大义，更不顾广大织户的艰辛，以孙鉴堂、萧兰生等人为首勾结税局官吏，以承包潍县税务为名给机户强行按税，引起群众抗争。营里社长梁正中为维护地方利益，率南眉村王期升、王家庄子王都等人联名上诉抗税。因事关地方民族工业之前途，深得潍县两任县长的同情和支持。后经潍县县长转山东呈请国务会议批准："凡本国棉织土布及各色布自七年（1918 年）起，……将国家、地方两税一律免除。"该官司历时 15 天，机织户大胜。机税一免，进一步解放了地方生产力，民间织布业迅猛发展。抗税斗争胜利后，机织户们扬眉吐气，为感谢地方长官之恩惠，及将国务会议的免税公文昭示天下，织户们纷纷酝酿树碑纪念。1921 年 3 月，惠及工商碑在眉村大集最热闹的关帝庙钱竖起。

惠及工商碑造型严谨，讲究实用。碑座刻有尺寸，便于市场贸易。正文刻有国务会议的公函，明示不缴税系国家法律条文所定，保护民族工商业，抵制"洋货"的意义俱在其上。并将雇佣工制度及有关事项刻在上面，抗税斗争的经过阐明于此，碑文由当地文化名人孙正梓、王乐浩分别篆刻。正面"惠及工商"四个大字，右上款题"潍县县长陈、袁公大德政"，左下款落"中华民国十年六月谷旦"。竖碑完工后，机户们凑钱在南眉村关帝庙钱唱戏六天，人山人海，热闹非凡。此后机织户们的利益受到法律保护，利润高达30%以上。一时布客云集，以眉村为中枢纽带的潍县纺织业名噪全国（参见潍县县志库，《坊子区志》，第二卷经济第六类工业第四辑纺织工业）。

附录二：潍县土布业之申诉

潍县织布业兴盛时期，年总产量高达六七百万匹，远销河南、甘肃、陕西、内蒙古、山西、安徽、江西、四川等十几个省区。据《潍县志稿》对民国二十年（1931年）统计，全年光由火车站运往外地的布匹达3600吨，使得大半个中国的人民能穿用潍县织户所织的棉布。潍县棉布质地优良，价廉物美，给销货地域的布业生产造成很大威胁。1934年，中国国民党江西省执行委员会公函字第959号，对"潍县所出之布匹，有无冒牌国货情事"，函请济南市商会"查明见复"，同年12月，潍县商会即复济南市商会函。

江西省给济南市商会函

中国国民党江西省执行委员会公函字第959号案据南昌市布业同业公会呈称：

"为鲁省潍县大宗布匹来赣倾销，查……"（见后面潍县商会回济南商会函）

济南市商会函潍县商会的文件

来文：中国国民党江西省执行委员会函

民国二十三年十一月七日到收字第1283号事由：据南昌市布业公会请取缔鲁省潍县冒牌国布等情究竟该县所出布匹是仇货原料冒牌国布函请查明见

复由。

批示：函请潍县商会，速为答复，以便函复。

潍县商会复济南商会函

径启者，顷准贵会函开准江西省党部准江西省函开："案据南昌市布业同业公会呈称：'为鲁省潍县大宗布匹来赣倾销，查其所用棉纱等原料悉供自仇方。复有仇方国立资本为其背景，名曰潍县出品，实际乃利用国货工厂之名，改头换面，为虎作伥，故不惜贬值以冀打到我内地一切人工手织品，博最后之胜利。值兹本省旱灾歉收之岁，农村织户手工织造，赖此副业以谋生者，因该布倾销之影响，多有难以维持而趋于失业之势，请严为取缔，设法救济，保障民生等情。据此，究竟潍县所出之布匹有无冒牌国布情事，特难臆揣，相应函请贵会查明见复为荷，等因，准此相应函达贵会查明复是所至荷'"等因。准此，查潍县土布出品纯系农村家庭手工织造，各厂亦系放机于农村织户，不过各用本工厂之名义商标以志别耳。原料一节，潍县为便利起见，故多购自青岛纱厂，惟青岛之纱厂中外兼有，原料、手工又均系出自中国，尚得为之仇货？且该项棉纱行销于上海、天津各大商埠，亦未闻反对其为仇货，岂因潍县之购用即目之为仇货乎？且以潍县土布之出品，屡经中央及本省政府派员调查，认为优良国货，誉为鲁省之冠，并减轻营业税以示优异而资提倡。从无异言。乃南昌布业公会漫不加查，诓谓"潍县出品有仇方国力资本为其背景，实际乃利用国货之工厂为名，改头换面，为虎作伥"云云，本会敢证明绝对无此种情事。不知该公会何所见而云然，有何根据，不妨明白指示，否则，信口雌黄，随意辱骂，出兹无稽倾陷之言，希图败坏名誉。本县各工厂虽极懦弱，万难承认，又该公会从该县农村之织户不能维持，乃归咎于潍县土布之倾销，尤最属无理取闹。查潍县土布因织造精良，价廉物美，其行销之广，从本国言，除粤、桂两省尚未直接前往外，其余各省无不表示欢迎，源源前来订购，不胫而驰，几遍国中。且以本国之出品，行销本国各省，倾销之说又何以说起。值兹实业竞争时代，潍县有此国货一线之曙光，年来发达之效果，致外货在我国之销路大受影响，日思破坏之方而其道莫由。此时该公会宜尽力予以协助提倡、并宜积极研究该县布业之改良，以期国货蒸蒸日上，同力合作，达到吾国挽回利权之最后目的，方为正当办法。不是之察乃龈龈于吾潍之土布，吹毛求疵，指责妄加，且更加以大不韪之名，抑若非将此一线之曙光完全消灭实难甘心？岂知事实俱在，真伪易明，妄词污蔑，伊谁受之？而谁信之？本会为维持潍县各工厂名誉起见，除呈请县党部据情转函赣省党部外，相应复请。

贵会察照转复为荷！此致
济南市商会

潍县商会启
民国二十三年十二月八日

参考文献

[1] 白小虎. 产业分工网络与专业市场演化——以温州苍南再生腈纶市场为例 [J]. 浙江学刊，2010（6）.

[2] 贝克尔. 人类行为的经济分析 [M]. 王业宇，等译. 上海：上海三联书店，1993.

[3] 边燕杰. 社会网络与求职过程 [J]. 国外社会学，1999（4）.

[4] 波兰尼. 大转型——我们时代的政治和经济起源 [M]. 冯钢，刘阳，译. 杭州：浙江人民出版社，2007.

[5] 迈克尔·波特. 国家竞争优势理论 [M]. 李明轩，邱如美，译. 北京：华夏出版社，2002.

[6] 迈克尔·波特，竹内广高，神原鞠子. 日本还有竞争力吗？[M]. 陈小悦，孙立强，等译. 北京：中信出版社，2002.

[7] 迈克尔·波特. 竞争论 [M]. 高登第，等译. 北京：中信出版社，2003.

[8] 弗雷德·布洛克，彼得·埃文斯. 国家与经济 [M]// 斯梅尔瑟，斯威德伯格. 经济社会学手册（第二版）. 罗教讲，张永宏，译. 北京：华夏出版社，2014.

[9] 曹锦清，张乐天，陈中亚. 当代浙江乡村的社会文化变迁 [M]. 上海：上海远东出版社，2001.

[10] 常之英，刘祖干. 潍县志稿卷之二十四实业志 [M]. 工业，1941.

[11] 陈剑锋，唐振鹏. 国外企业集群研究综述 [J]. 外国经济与管理，2002（8）.

[12] 池仁勇. 从专业市场的生存基础变化看其发展趋势 [J]. 商业研究，2003（9）.

[13] 池仁勇. 区域中小企业创新网络形成、结构属性与功能提升：浙江省实证考察 [J]. 管理世界，2005（10）.

[14] 池仁勇. 区域中小企业创新网络的节点联结及其效率评价研究 [J]. 管理世界，2007（1）.

[15] 陈瑾. 我国产业集群演进轨迹、升级动因与思路 [J]. 企业经济，2011（9）.

[16] 陈雪梅，赵珂. 中小企业集群形成的方式分析 [J]. 暨南大学学报，2001（2）.

[17] 樊光鼎. 企业家才能——兼论民营企业家的可持续发展 [J]. 陕西经贸学院学报，1999（4）.

[18] 费洪平. 地域生产综合体理论研究综述 [J]. 国土研究，1992（2）.

[19] 费孝通. 论小城镇及其他 [M]. 天津：天津人民出版社，1985.

[20] 费孝通. 行行重行行 [M]. 银川：宁夏人民出版社，1992.

[21] 弗雷格斯坦. 市场的结构——21 世纪资本主义社会的经济社会学 [M]. 甄志宏，译. 上海：上海人民出版社，2008.

[22] 符平. "嵌入性"——两种取向及其分歧 [J]. 社会学研究，2009（5）.

[23] 符正平. 论企业集群的产生条件与形成机制 [J]. 中国工业经济，2002（10）.

[24] 盖文启. 创新网络：区域经济发展新思维 [M]. 北京：北京大学出版

社，2002.

[25] 高柏.中国经济发展模式转型与经济社会学制度学派(代总序)[M]//弗雷格斯坦 .市场的结构——21 世纪资本主义社会的经济社会学. 甄志宏 , 译. 上海：上海人民出版社，2008.

[26] 顾慧君，王文平.产业集群与社会网络的协同演化——以温州产业集群为例 [J]. 经济问题探索，2007（4）.

[27] 洪海沧. 当前国内外剑杆织机的技术水平与发展趋向——兼谈对选型工作中几个问题的探讨意见 [EB/OL]（2005–07–19）. http://www.chinayarn.com/fjbl–new/shownews.asp?id=9660.

[28] 黄光国. 面子——中国人的权力游戏 [M]. 北京：中国人民大学出版社，2004.

[29] 黄晓春. 碰撞与融合：信息技术嵌入政府部门运作的机制研究——以上海市 LF 路街道一门式电子政务中心为案例的分析 [D]. 上海：上海大学，2008.

[30] 后锐，杨建梅. 产业集群研究的方法选择与工具应用 [J]. 商业经济与管理，2007（12）.

[31] 胡佛. 区域经济学导论 [M]. 张翼龙，译. 北京：商务印书馆，1990.

[32] 莫洛·F. 纪廉，南德尔·柯林斯，保拉·英格兰，马歇尔·迈耶. 新经济社会学——一门新兴学科的发展 [M]. 北京：社会科学文献出版社，2006.

[33] 贾文艺，唐德善. 产业集群理论概述 [M]. 技术经济与管理研究，2009（6）.

[34]胶济铁路管理局车务处.胶济铁路经济调查报告(第3册潍县)[M].青岛：

青岛文化印书社，1934.

[35] 罗伯特·吉尔平. 全球政治经济学——解读国际经济秩序 [M]. 杨宇光，杨炯，译. 上海：上海人民出版社，2003.

[36] 金明路. 各类专业市场的存在基础与发展前景 [J]. 浙江社会科学，1996（5）.

[37] 金祥荣，朱希伟.专业化产业区的起源与演化 [J]. 经济研究，2002（8）.

[38] 克雷斯威尔. 研究设计与写作指导：定性、定量与混合研究的路径 [M]. 崔延强，译. 重庆：重庆大学出版社，2007.

[39] 克鲁格曼. 地理与贸易 [M]. 张兆杰，译. 北京：北京大学出版社，2001.

[40] 兰建平，苗文斌. 嵌入性理论研究综述 [J]. 技术经济，2009（1）.

[41] 李国武. 产业集群与工业园区关系的研究 [J]. 中央财经大学学报，2006（8）.

[42] 李国武. 技术扩散与产业集聚——原发型产业集群形成机制研究 [M]. 上海：上海人民出版社，2009.

[43] 李兴旺，李会军. 我国"雏形期"产业集群的识别指标体系及判定方法 [J]. 财经问题研究，2011（4）.

[44] 李新春. 企业家协调与企业集群 [J]. 南开管理评论，2002（3）.

[45] 李友梅. 从弥散到秩序：制度与生活视野下的中国社会变迁（社会卷）（1921—2011）[M]. 北京：中国大百科全书出版社，2011.

[46] 李友梅. 组织社会学及其决策分析 [M]. 上海：上海大学出版社，2009.

[47] 李友梅. 社会的生产：1978 年以来的中国社会变迁 [M]. 上海：上海人民出版社，2008.

[48]梁波. 中国石油产业发展范式变迁的组织社会学分析（1998—2008）[D]. 上海：上海大学，2010.

[49] 林竞君. 网络、嵌入性与集群生命周期研究——一个新经济社会学的视角 [D]. 上海：复旦大学，2005.

[50] 刘彬，陈圻. 关于产业集群界定识别的研究方法综述 [J]. 科技进步与对策，2006.（9）.

[51] 刘大可，马福震，沈国良. 日本侵略山东史 [M]. 济南：山东人民出版社，1990.

[52] 刘洪银. 技术创新是昌邑市纺织工业发展的必由之路 [J]. 纺织信息周刊，2004（9）.

[53] 刘长全，李靖，朱晓龙. 国外产业集群发展状况与集群政策 [J]. 经济研究参考，2009（53）.

[54] 刘军国. 基于报酬递增理论的产业集聚机制研究 [D]. 北京：北京交通大学，2001.

[55] 刘世定. 占有、认知与人际关系 [J]. 北京：华夏出版社，2003.

[56] 龙厂. 山东潍县之农村副业 [C]// 千家驹. 中国农村经济论文集. 北京：中华书局，1936.

[57] 陆立军. 中国小商品城的崛起与农村市场经济发展的义乌模式 [J]. 经济社会体制比较，1999（3）.

[58] 阿尔弗雷德·马歇尔. 经济学原理 [M]. 彭逸林，等，译. 北京：商务印书馆，1991.

[59] 马强，远德玉. 技术行动的嵌入性与技术的产业化 [J]. 自然辩证法研究，2004（5）.

[60] 满铁北支经济调查所. 潍县土布业调查报告 [M]. 满铁调查部，1942.

[61] 南满洲铁路株式会社北支经济调查所. 北支农村概况调查报告（三）——潍县第一区高家楼村 [M]. 大连：南满洲铁道株式会社，1940.

[62] 宁钟. 国外创新与空间集聚理论评述 [J]. 经济学动态，2001（3）.

[63] 彭嘉陵. 压锭不能做手脚（第二版）[N]. 人民日报，1998-07-20.

[64] 潘维. 苏南模式更有学习和放射价值 [EB/OL]（2012-03-09）. http:// www.guancha.cn/society/2012_03_09_67149.shtml.

[65] 弗朗索瓦·佩鲁. 经济空间：理论与应用 [J]// 白义霞. 区域经济非均衡发展理论的演变与创新研究——从增长极理论到产业集群.经济问题探索，2008（4）.

[66] 谯薇. 我国中小企业集群发展的思考 [J]. 经济体制改革，2002（6）.

[67] 邱海雄，于永慧. 嵌入性与根植性——产业集群研究中两个概念的辨析 [J]. 广东社会科学，2007（1）.

[68] 仇保兴. 中小企业集群研究 [D]. 上海：复旦大学，1998.

[69] 实业部国际贸易局. 中国实业志（山东省）[M]. 上海：实业部国际贸易局，1934.

[70] 劳雷尔·史密斯-杜尔，沃尔特·W.鲍威尔. 网络与经济生活 [M]// 斯梅尔瑟，斯威德伯格. 经济社会学手册（第二版）. 罗教讲，张永宏，译. 北京：华夏出版社，2014.

[71] 仕治余，战玉琴.交通运输对近代潍县经济发展的影响 [J]. 商业经济，2008（11）.

[72] 盛世豪. 农村专业化市场的形成及其主要特点 [J]. 浙江社会科学，1996（5）.

[73] 斯威德伯格. 经济学与社会学 [M]. 安佳，译. 北京：商务印书馆，2003.

[74] 二十一世纪管理议程中心. 联合国开发计划署（UNDP）：人类可持续发展 [C]// 中国二十一世纪议程纳入国民经济计划培训班教材，1995.

[75] 亚当·斯密. 国民财富的性质和原因的研究 [M]. 郭大力，等译. 北京：商务印书馆，1981.

[76] 宋林飞. 中国"三大模式"的创新与未来 [J]. 南京社会科学，2009（1）.

[77] 苏恩. "控制总量"遭遇"逆反期" [J]. 中国纺织，2004（7）.

[78] 阿诺德·汤因比. 历史研究 [M]. 郭小凌，王皖强，译. 上海：上海人民出版社，2010.

[79] 汪少华，汪佳蕾. 浙江省企业集群成长的创新模式 [J]. 中国农村经济，2002（8）.

[80] 汪海波. 新中国工业经济史 [M]. 北京：经济管理出版社，2007.

[81] 王冰. 纺织大国实施产业调整的难忘历程（1991—2000 年）[EB/OL]（2009-10-12）. http://ctc.webtex.cn/info/2009-10-11%40385815.htm.

[82] 王海平，杨强. 国外产业集群理论综述 [J]. 农村经济与科技，2008（11）.

[83] 王缉慈. 创新的空间——企业集群与区域发展 [M]. 北京：北京大学出版社，2001.

[84] 王腊银. 基于社会网络的集群企业成长机理研究——以知识资源为居间视角 [D]. 西安：西安建筑科技大学，2012.

[85] 王雷. 中国产业集群理论研究评述 [J]. 重庆工商大学学报（社会科学版），2004（4）.

[86] 王子建. 中国土布业之前途 [C]// 中国农村经济论文集. 北京：中华书局，1936.

[87] 王仲智. 产业集群：网络视角的观察 [M]. 北京：中国环境科学出版

社，2007．

[88] 潍坊市坊子区政协文史资料委员会．眉村纺织 [C]// 坊子区文史资料（第四期），1989．

[89] 魏后凯．中国产业集聚与集群发展战略 [M]．北京：经济管理出版社，2008．

[90] 威廉姆森．市场与层级制：分析和反托拉斯含义 [M]．蔡晓月，译．上海：上海财经大学出版社，2011．

[91] 潍坊市纺织工业公司史志组．潍坊市纺织工业志（1849—1985）[M]．潍坊：山东新华印刷厂潍坊厂，1989．

[92] 阿尔弗雷德·韦伯．工业区位论 [M]．李刚剑，等译．北京：商务印书馆，1997．

[93] 马克斯·韦伯．新教伦理与资本主义精神 [M]．康乐，简惠美，译．桂林：广西师范大学出版社，2007．

[94] 吴承洛．今世中国实业通志（下）[M]．北京：商务印书馆，1929．

[95] 吴利学，魏后凯，刘长会．中国产业集群发展现状及特征 [J]．经济研究参考，2009（15）．

[96] 吴知．乡村织布业的一个研究 [M]．北京：商务印书馆，1936．

[97] 相如．"历史事件与集体记忆"国际学术研讨会综述 [J]．史林，2011（1）．

[98] 谢贞发．产业集群理论研究述评 [J]．经济评论，2005（5）．

[99] 胥和平．WTO 与中国产业重组 [M]．广州：广东旅游出版社，2000．

[100] 襄樊市纺织工业协会．关于赴河南郑州、山东滨州学习考察的情况报告 [R]．襄樊市纺织工业协会，2007．

[101] 徐康宁. 开放经济中的产业集群与竞争力 [J]. 中国工业经济，2001（11）.

[102] 许仁祥. 集聚经济与都市产业发展 [D]. 上海：复旦大学，1998.

[103] 许冠男. 关系嵌入性对技术创新绩效的影响研究 [D]. 杭州：浙江大学，2008.

[104] 严中平. 中国棉纺织史稿 [M]. 北京：科学出版社，1955.

[105] 任映红，陈东升，等. 第四编　村落的宗族 [M]// 杨建华主编. 经验中国——以浙江七村为个案. 北京：社会科学文献出版社，2006.

[106] 杨洪焦，钱颜文，孙林岩. 产业集群理论研究评述 [J]. 经济问题探索，2006（3）.

[107] 杨翼. 温州模式探源 [J]. 探索，1986（5）.

[108] 叶建亮. 知识溢出与企业集群 [J]. 经济科学，2001（3）.

[109] 佚名. 朱镕基副总理谈纺织工业压锭改造问题 [J]. 纺织导报，1997（6）.

[110] 佚名. 山东省之织业 [J]. 中外经济周刊，1924（93）.

[111] 佚名. 山东潍县之织业 [J]. 工商半月刊第 1 号，1934（1）.

[112] 佚名. 山东潍县之经济近况 [J]. 中外经济周刊，1926-11-06.

[113] 佚名. 调查潍县、昌乐、益都、临淄、周村织机数目及经济状况报告 [J]. 山东实业公报，1931（4）.

[114] 罗伯特·K.殷. 案例研究——设计与方法 [M]. 重庆：重庆大学出版社，2004.

[115] 于秋华. 中国乡村工业化的历史变迁 [M]. 大连：东北财经大学出版社，2012.

[116] 薇薇安娜·A.泽利泽. 亲密关系的购买 [M]. 上海：上海人民出版社，2008.

[117] 张凤涛. 中国纺织产业集群研究 [J]. 经济问题探索, 2012（1）.

[118] 张建华, 张淑静. 产业集群的识别标准研究 [J]. 中国软科学, 2006(3).

[119] 张敏. 国内外产业集群研究综述 [J]. 理论月刊, 2009（10）.

[120] 张旭明. 产业集群的形成机制分析: 三种观点的比较 [J]. 中国外资, 2012（12）.

[121] 章有义. 中国近代农业史资料（第8辑）[M]. 北京: 生活·读书·新知三联书店, 1957.

[122] 张占仓. 产业集群战略与区域发展 [J]. 中州学刊, 2006（1）.

[123] 甄志宏. 从网络嵌入性到制度嵌入性——新经济社会学的制度研究前沿 [J]. 江苏社会科学, 2006（3）.

[124] 郑健壮. 产业集群理论综述及其发展路径研究 [J]. 中国流通经济, 2006（2）.

[125] 中国社会科学院工业经济研究所. 中国工业发展报告（1999）[M]. 北京: 经济管理出版社, 1999.

[126] 周晓虹. 传统与变迁——江浙农民的社会心理及其近代以来的嬗变 [M]. 北京: 生活·读书·新知三联书店, 1998.

[127] 周雪光. 组织社会学十讲 [M]. 北京: 社会科学文献出版社, 2003.

[128] 朱康对. 经济转型期的产业群落演进——温州区域经济发展初探 [J], 中国农村观察, 1999（3）.

[129] 朱华晟. 浙江传统产业集群成长的社会网络机制 [J]. 经济经纬, 2004（3）.

[130] 朱英明. 产业集群研究评述 [J]. 经济评论, 2003（3）.

[131]Annen Kurt. Inclusive and Exclusive Social Capital in the Small-

Firm Sector in Developing Countries[J]. Journal of Institutional and Theoretical Economics, 2001（2）.

[132] Anderssomu, Forsgrenm, Holmu. The Strategic Impact of External Networks: Susidiary Performanceand Competence Development in the Multinational Corporation[J]. Strategic Management Journal 23, 2002（11）: 979-996.

[133] Arthur W. Brian. Path Dependence in the Economy[J]. Scientific American（February）, 1990.

[134] Becattini G. The Marshallian Industrial districtas a Socio-economic Notion[C]//in Pyke F., Becattini G. and Sengenberger, W.（Eds）, Industrial Districts and Inter-firm Co-operation in Italy. International Institute for Labour Studies, Geneva, 1990: 37-51.

[135]Bell M. Knowledge System and Technology Dynamism in Industrial Clusters in Developing Countries[J]. World Development, 1999, 27(9):1715-1734.

[136]Burt. Structural Holes: The Social Structure of Competition[M]. Cambridge, MA: Harvard University Press, 1992.

[137] Carlos O. Quandt. An IT-based Framework for Knowledge Management in Networked Organizations[J]. E-Busilless and Virtual Enterprises, 2000.

[138] Coleman J. S. Social Capital in the Creation of Human Capital[J]. The American Journal of Sociology, 1988: 95-120.

[139] Cowan R., Jonard N. Network Structure and Diffusion of Knowledge[J]. Journal of Economic Dynamics & Control, 2004（8）.

[140] Eccles R. G. The Quasifirm in the Construction Industry[J]. Journal of Economic Behavior and Organization. Vol. 2, 1981（4）:335-357.

[141] Granovetter M. The Strength of Weak Ti.e[J]. American Journal of Sociology 78, 1973（6）: 1360-1380[M]// 马克·格兰诺维特. 镶嵌——社会网与经济行动. 北京: 社会科学文献出版社, 2007: 67-97.

[142] Granovetter M. "Economic Action and Social Structure: The Problem of Embeddedness." American Journal of Sociology,1985, 91（November）: 481-510.

[143] Granovetter M. With Emilio Castilla, Hokyu Hwang and Ellen Granovetter. "Social Networks in Silicon Valley"[M]//in Chong-Moon Lee, William F. Miller, Marguerite Gong Hancock, and Henry S. Rowen, Editors, The Silicon Valley Edge. Stanford: Stanford University Press, 2000: 218-247.

[144] Grannovetter M. and Swedberg R. The Sociology of Economic Life[M]. Boulder: Wesiview, 1992.

[145] Grannovetter M., P. McGuire. The Making of An Industry: Electricity in the United State, The Laws of The Markets[M]. Oxford: Blackwell, 1998: 147-173.

[146] Harrison B. Industrial Districts: Old Wine in New Bottles?[J]. Regional Studies, Vol. 26, 1992（5）: 469-483.

[147] Hendry C., Brown J. Organizational Networking in UK Biotechnology Clusters[J]. British Journal of Management, 2006（17）: 55-73.

[148] Hoover E. M. The location of Economic Activity[M]. New York: McGraw-Hill, 1948.

[149] Jarillo J. C. On Strategic Networks[J]. Strategic Management Journal, 1988（9）: 235-245.

[150] Jaffe A.B., Trajtenberg M., Henderson R., Geographic Localization of

Knowledge Spillovers as Evidenced by Patent Citations[J]. Quarterly Journal of Economics, 1993, 63: 577-598.

[151] Krugman P. Geography and Trade[M]. Cambridge, MA: MIT Press, 1991a.

[152] Krugman P. Increasing Returnsand Economic Geography[J]. Journal of Political Economy 99, 1991b.

[153] Krackhardt, D. "Personal Network of Women and Minorities in Management: A Conceptual Framework"[J]. Academy of Management Review 18/1, 1990: 56-87.

[154] Lorenzen M. Ties, Trust and Trade: Elements of a Theory of Coordination in Industrial Clusters [J]. International Studies in Managementand Organization, 2002, 31（4）: 14-34.

[155] Meyer-Stamer J. Clustering and the Creation of Aninnovation-oriented Environment for Industrial Competitiveness: Beware of Overly Optimistic Expectations[R]. Revised Draft Paper, 2002.

[156] Pittaway L., Robertson M., Munir K, et al. Networking and Innovation: a Systematic Review of the Evidence[J]. International Journal of Management Reviews 5P6（3P4）: 2004: 137-168.

[157] Michael E. Porter, M. E. Clusters and the New Economics of Competition[J]. Harvard Business Review, 1998.

[158] Portes, Alejandro. The Economic Sociology of Immigration[M]. New York: Russell Sage Foundation, 1995.

[159] Ron Martin and Peter Sunley. "Deconstructing Clusters: Chaotic Concept or PolicyPanacea," ESRC Centre for Business Research-Working Papers

wp244, ESRC Centrefor Business Research[R]. 2002.

[160]Saxenian A. Regional Advantage: Culture Competition in Silicon Valley and Route 128[M]. Harvard University Press, 1994.

[161]Swedberg R. New Economic Sociology: What Has Been Accomplished, What Is Ahead?[M]. Acta Sociologica, Vol. 4, 1997（2）:161-182.

[162] Scott J. Social Network Analysis: A Handbook[M]. London: Sage，1991.

[163] Scott J. The Collective Order of Flexible Production Agglomerations：Lessons For Local Economic Development Policy and Strategic Choice[M]. Economic Geography, Vol. 68，1992：219-233.

[164]Shachar J. and Zuscovitch E. Learning Patterns within a Technological Network[M].London: Kluwer Academic Publishers, 1990.

[165] Theo J.A. Roelandt and Pimden Hertog. Cluste Analysis and Cluster-based Policy Marking in OECD Countries：An Introduction to the Theme，OECD Proceedings，Boosting Innovation：The Cluster Approach[R]. 1999.

[166] Thomas Fond Brown. Theroretical Perspectives on Social Capital[R]. Working Paper，1999.

[167]Uzzi B. "The Sources and Consequences of Embeddedness for the Economic Performance of Organizations"[J]. American Sociological Review, 1996.

[168]Uzzi B. "Social Structure and Competition in Interfirm Networks:The Paradox of Embeddedness"[J]. Administrative Science Quarterly, 1997.

[169] Wasserman S., Faust K. Social Network Analysis: Methods and Applications[M]. New York: Cambridge University Press，1994.

[170]Williamson and Oliver E. The Economic Institutions of Capitalism:

Firms, Markets , Relational Contracting[M]. New York: The Free Press, 1985.

[171] Zelizer, Viviana. Beyond the Politics of the Market: Establishing a "Theoretical and Empirical Agenda"[J]. Sociology Forum, 1988（3）, 1990: 614-634.

[172] Zhou Xueguang, Zhao Wei, Li Qiang and Cai He. Embeddedness and Contractual Relationships in China's Transitional Economy[J]. American Sociolocal Review, 2003（68）.

[173] Zukin, Sharon and Paul DiMaggio. The Structures of Capital: The Social Organization of the Economy[M]. New York: Cambridge University Press, 1990.